Liliana González Peyro

LA HUERTA GOURMET

LA HUERTA GOURMET
es editado por: Ediciones Lea S.A.
Av. Dorrego 330 (C1414CJQ),
Ciudad de Buenos Aires, Argentina.
info@edicioneslea.com
www.edicioneslea.com

ISBN: 978-987-634-468-5

Queda hecho el depósito que establece la Ley 11.723.
Prohibida su reproducción total o parcial, así como
su almacenamiento electrónico o mecánico.
Todos los derechos reservados.
© 2012 Ediciones Lea S.A.

González Revro, Liliana
　　La huerta gourmet : cómo cultivar vegetales frescos y las mejores
　　hierbas para la cocina. - 1a ed. - Buenos Aires : Ediciones Lea,
　　2012.
　　64 p. ; 24x17 cm. - (Bienestar; 31)

　　ISBN 978-987-634-468-5

　　1. Horticultura. I. Título
　　CDD 635

Introducción

La cultura gastronómica de la sociedad moderna se modificó radicalmente en los últimos años. Gracias a los flujos migratorios, el acceso a medios de comunicación internacionales y la transformación de los hábitos alimenticios, hoy son muchos los que disfrutan conjugando sabores, aromas y texturas que hasta hace poco tiempo eran rechazados. Las cocinas de distintos países atraviesan las fronteras, enriquecen la gastronomía autóctona e invitan a la exploración. Al mismo tiempo, hay un movimiento cada vez más fuerte en favor de productos naturales, libres de pesticidas, químicos y conservantes. El buen estado de salud empieza por lo que ingerimos, y sin dudas resulta mucho más saludable consumir vegetales cultivados de modo artesanal, donde no exista el lugar para productos nocivos. Por desgracia, no siempre es posible conseguir todos los ingredientes, ni tampoco en su mejor estado de conservación o cultivo. Esto sucede, incluso, con productos de fácil acceso. ¿Cuántas veces debimos revolver en un cajón de verdulería en busca de un tomate sin golpes y de perfecto color? ¿Cuántas dudas nos generan las hojas de una lechuga que no sabemos con qué productos fue tratada? La cocina requiere de ingredientes especiales, exóticos o poco frecuentes, pero también de vegetales frescos, de intenso sabor y perfecto estado de conservación. Es por estos motivos que el amante de la gastronomía debe encontrar un modo sencillo y efectivo de asegurarse sus insumos. Cultivar una huerta en casa donde predominen ingredientes como el cilantro, el tomillo y otras hierbas, así como vegetales frescos y sin pesticidas ni químicos, suma sabor, calidad y nutrición a nuestra mesa. Además, representa una actividad placentera, que recupera el contacto del ser humano con la naturaleza y el lazo entre lo que comemos y la tierra que nos da la vida.

Vegetales para tu cocina

La siembra de vegetales comestibles en macetas o recipientes similares (lo cual implica, básicamente, no hacerlo en el suelo o tierra), es conocida en la actualidad con el término macetohuerta y es una actividad que, más que seguidores, genera verdaderos apasionados. Y razones para ello no le faltan: permite ahorrar dinero en las compras, asegura productos de procedencia fiable, viste de verde y otros colores el lugar de emplazamiento (pudiendo ser este un patio, una terraza o hasta un balcón) y su ejecución tiene importantes efectos antiestrés. Pero hay algo más: cualquier verdura, fruta o hierba criada por usted mismo de forma artesanal y natural tendrá, además, el indescriptible sabor de un logro personal.

Sin embargo, es bueno recordar que las plantas en maceta (o recipientes similares) dependen en su totalidad de quien las atienda, por lo que la clave del éxito de una huerta en maceta está en no abandonarlas a su suerte y en prodigarles los cuidados que la planta necesite para prosperar y entregarnos sus preciados frutos.

Tres factores son imprescindibles para lograr una buena huerta en maceta: agua en cantidad suficiente pero no excesiva, un sustrato rico en nutrientes y buena luz solar. De ellos y otras cuestiones hablaremos a continuación.

Agua, riego y humedad

- Vayamos a la primera de las variables: el agua. Los cultivos de una macetohuerta, en general, necesitan mucha agua. Pero esto conlleva un inconveniente: si se riega de forma muy abundante y buena parte del agua se descarta con el drenaje, irremediablemente se pierden valiosos nutrientes que la planta necesita para crecer.

Para evitar tal desperdicio se recomienda colocar un fondo estanco, donde se acumule el agua. Ello asegura que el vegetal en cuestión nunca quede seco, al tiempo que minimiza la pérdida de nutrientes.

- Si el riego es excesivo, también se corre el riesgo de que las raíces del vegetal en cuestión se pudran. Para evitar eso, el sustrato donde se encuentra la planta debe tener buen drenaje, esto es, mecanismo de salida del líquido sobrante. De ello hablamos más detalladamente en el punto siguiente.

Sustrato y abono

- En cuanto al sustrato, se recomienda ampliamente no usar tierra de jardín sino compost, aunque también sirven otras mezclas como hierba cortada, hojas de árboles, etc., que con el paso del tiempo se convertirán en compost.

- También existe la posibilidad de comprar en un vivero o comercio similar una bolsa de una mezcla especialmente preparada para huertos.

- Sea cual sea la alternativa elegida, las hortalizas siempre agradecen un sustrato bien aireado. Por ello, se recomienda remover periódicamente la tierra de la superficie del recipiente elegido con una pequeña pala. Por supuesto, ello debe hacerse con delicadeza y suavidad, y lentamente, teniendo sumo cuidado de no lastimar raíz alguna.

- Un truco para conseguir sustrato bien aireado sin trabajar en ello es colocar en él algunas lombrices. Ello, además, conlleva una ventaja adicional: abonan y enriquecen el sustrato donde se encuentra la planta.

- En cuanto al tema abono, una macetohuerta necesita sí o sí de él. Por supuesto, en los viveros y comercios especializados se expenden productos muy específicos y hasta fertilizantes especiales para una verdura y no para otra. Son una muy buena y rápida alternativa.

- Otra opción para abonar la tierra es utilizar los desechos de frutas y verduras que se usan para cocinar: cáscaras de papas o banana, vainas de arvejas, hojas quemadas que se descartan de la acelga, etc. Nunca semillas, claro, pues eso podría dar origen a una nueva planta. La cáscara de huevo molida también es un excelente abono y muy rico en calcio. Al respecto de la utilización de desechos culinarios vegetales a modo de abono, una precaución importante a tomar es no colocar desaprensivamente los restos sobre el sustrato. De esa forma no se mezcla con la tierra y, además, es un "llamador" de insectos, especialmente moscas y mosquitos. Los desechos deben plantarse en la tierra o bien, ser colocados en su superficie y, luego, tapados con más compost.

- Aunque pueda resultar un poco chocante es bueno recordar que el estiércol es un excelente abono (sea del animal que sea) y que, enterrado convenientemente, no genera olores.

- No se requiere de mucha profundidad de suelo para realizar una huerta en maceta. En general, la mayoría de las hortalizas se puede plantar, y desarrollan bien teniendo unos 15–20 cm de sustrato y, muchas de ellas, necesitan aún menos. Lo que sucede es que, salvo excepciones, no requieren mucho volumen de tierra si tienen suficiente agua, aire y nutrientes.

- En el fondo se recomienda colocar materiales de difícil corrupción y que creen huecos para que las raíces encuentren el aire que necesiten. Grava, cáscara de coco y hasta latas de bebida cortadas son algunas de las alternativas.

- Esos materiales también facilitarán, en parte, un buen drenaje, de forma tal que la planta tome el agua que necesite y descarte la que no, evitando la pudrición. Algunos otros elementos que facilitan el drenaje son: la perlita, la vermiculita y la arena.

- Fundamental: el sustrato de la maceta o recipiente donde se encuentran los vegetales deberá estar siempre libre de yuyos y malezas, ya que estas tienen la particularidad (como no podía ser de otra manera, al compartir el mismo espacio y sustrato) de competir con nuestros vegetales sembrados por el agua y los nutrientes.

- Tener en cuenta que con el paso del tiempo, todo sustrato (por nutritivo y aireado que haya sido en un principio) tiende a empobrecerse y a compactarse. Por ello se aconseja, cada principio de primavera, renovar la tierra de cada maceta o de cada recipiente donde se planta la huerta. No es necesario cambiarla en su totalidad, pero sí conviene sacar por lo menos la mitad que se encuentra más cerca de los bordes del recipiente y reemplazarla por un compost nuevo. Por supuesto, en el momento de efectuar el procedimiento se debe ser sumamente cuidadoso de no lastimar las raíces.

- Hasta que llegue ese momento, los viveros y establecimientos similares ofrecen multiplicidad de productos orgánicos y químicos (abonos y fertilizantes) que ayudan notablemente a optimizar el rendimiento de la tierra. Averigüe cuáles son los más convenientes para cada tipo de planta, pues los hay de muchos tipos.

Recipientes

- ¿Qué recipientes usar para colocar las plantas o plantines de su huerta? Por supuesto, la primera respuesta que surge es: una maceta o una jardinera, y a la primera siempre nos referimos en el texto del presente volumen. Por supuesto, eso es válido, y sin duda alguna constituye la alternativa más coqueta. Además, es el nombre que adquiere esta práctica o tendencia: macetohuerta o huerta en maceta.

- Sin embargo no está de más recordar que este tipo de sembrados es una oportunidad realmente invalorable para reciclar objetos y materiales y, con ello, contribuir a la ecología. Pruebe emplazar los plantines en neumáticos usados, contenedores varios, bolsas de arpillera, vajilla que ya no utiliza y que pensaba descartar, botellas plásticas de 2 litros cortadas a la mitad, etc.

Luz, ubicación y temperatura

- En cuanto a la luz y a la ubicación (variables ambas íntimamente relacionadas) la regla general suele ser de un mínimo de 8 horas de luz solar directa para un buen

crecimiento y fructificación de los vegetales. Si en el lugar sólo se cuenta con unas 4 horas de sol, igualmente pueden darse bien algunas variedades.

- Algunas verduras (como, por ejemplo, la mayoría de las de hoja verde) es mejor no exponerlas al sol cuando este se combina con temperaturas muy altas, como sucede en los mediodías estivales.

- Girar los recipientes de cuando en cuando para lograr un crecimiento uniforme es una excelente idea.

- La ubicación de las macetas también está en correlación directa con otro factor: los vientos y las corrientes de aire. Muchas plantas no se llevan nada bien con ellos y las hortalizas no suelen ser una excepción al respecto y, mucho menos, cuando son pequeñas y frágiles. Pero el hecho de plantarlas en macetas o recipientes ofrece la enorme ventaja de que permite su traslado al sitio más adecuado. Si las macetas o recipientes contenedores van a estar ubicados en terrazas o pisos altos, indefectiblemente, estarán expuestos a vientos. Para minimizar su impacto existen varios recursos, tales como emplazarlos sobre una pared, o bien, realizar alguna barrera "antiviento" con algunas plantas resistentes (como por ejemplo, un ciprés) o algún elemento decorativo: celosías, cortina de juncos o de cañas, una mediasombra, etc. En algunos casos específicos (como los tomates, pepinos o zucchinis) también se deberán colocar tutores.

Cómo sembrar

Existen tres modalidades básicas para obtener vegetales: la siembra directa, la presiembra en semillero y la compra en vivero de plantas.

- La primera consiste, simplemente, en enterrar las semillas a profundidad adecuada, y mantenerlas húmedas y a temperatura constante, de forma tal que la planta se desarrolle. Es una alternativa para las especies más duras y resistentes, que no necesitan de cuidados especiales ni siquiera cuando son muy pequeñas.

- La pre-siembra en semillero consiste en plantar las semillas en un recipiente provisorio (un vasito de yogur, por ejemplo, puede ir muy bien) y emplazarlo en algún lugar templado, sin cambios bruscos de temperatura, iluminado pero sin sol directo y que esté siempre húmedo, sin encharcarlo. Cuando las plantas alcanzan una determinada altura o desarrollo, se las traslada a su recipiente definitivo. Esta modalidad se recomienda cuando las diferencias de temperatura entre el día y la noche resultan acentuadas y, en líneas generales, suele ser la que asegura los mejores y más fiables resultados.

- La tercera alternativa es la más rápida y práctica: comprar las plantas ya crecidas en un vivero y transplantarlas. Pero suele ser la más onerosa y, en cierta medida, quita parte del placer que se suele encontrar en la tarea de la huerta.

Importancia de la rotación de cultivos

La rotación de cultivos es un precepto básico de toda huerta y la emplazada en macetas no es una excepción al respecto. No cultivar siempre la misma especie en el mismo recipiente o sustrato asegura que la tierra no se agote y que se renueven los nutrientes, así como también posibilita que se corte el ciclo de generación de plagas específicas de una determinada especie. Efectivamente, si se plantan alternativamente cultivos de diferentes vegetales se reduce el riesgo de padecer este tipo de problemas. Pero como esa medida no garantiza ni remotamente la ausencia de plagas, abordamos el tema más en detalle en el punto siguiente.

Control de plagas

Los vegetales de una huerta, al igual que cualquier otra planta, se encuentran expuestos a plagas diversas. Efectivamente, todas ellas pueden ser atacadas por insectos (pulgones, caracoles, arañas, etc.) o bien por enfermedades producidas por hongos o bacterias. Sin embargo, para luchar contra ellas hay que ser sumamente cuidadoso debido a que estas plantas se ingieren y los plaguicidas pueden resultar muy tóxicos. ¿Qué hacer, entonces? Lo más conveniente, sobre todo para aquellos que recién se están iniciando en el cultivo de huerta, consiste en lo siguiente: cada vez que se evidencie un signo de plaga en una planta, tomar nota del síntoma y plantearlo en un vivero de confianza, siempre aclarando que los frutos de la planta se destinarán al consumo humano. Los signos más usuales son hojas amarillas que se secan y caen, con agujeros, manchadas o pegajosas al tacto.

Vegetales ideales para plantar en maceta

Acelga

Nombre científico: *Beta vulgaris var. cicla*

Planta de grandes hojas verdes y blancas pencas carnosas, la acelga es, luego de la espinaca, una de las verduras más ricas en calcio. Habitualmente se la consume cocida, pero también sirve para cortar en fina juliana y formar parte de ensaladas. Y su cultivo resulta relativamente fácil en cualquier espacio con que se cuente.

Cultivo y cosecha

- Las semillas se pueden sembrar durante todo el año, aunque la época ideal resulta la primavera.
- Se recomienda realizar una pre-siembra en semillero, con un buen compost previamente humedecido, tanto por debajo como por encima. Asimismo, regar de forma ligera como si fuera una lluvia y hacer que reciban luz y sol, pero no exponer a temperaturas extremas.
- Una vez que los plantines tengan un par de hojas se los traslada a su ubicación definitiva.
- Llenar la maceta o el recipiente elegido con compost un tanto arcilloso y rico en materia orgánica. Le van bien los suelos alcalinos y no soporta bien los ácidos.
- Necesita riego frecuente, pero en pequeñas cantidades. Durante el verano, se recomienda una frecuencia de riego diaria y más espaciada durante el resto del año. La idea es que el suelo siempre se encuentre húmedo, pero nunca encharcado.
- En cuanto a la luz, no la requiere en cantidad excesiva y hasta puede resultarle perjudicial un exceso de sol sumado a temperaturas altas. Por ello, lo mejor suele ser emplazarla en un lugar sombreado y "sacarla a tomar sol" un par de horas al día.
- Va bien en clima templado y debe cuidársela especialmente de los cambios bruscos de temperatura.
- Se la cosecha entre 90 y 120 días luego de la siembra. Para ello, existen dos opciones. La primera de ellas es retirar la planta entera cortando a nivel del tallo. La otra alternativa es ir retirando las hojas exteriores cuando estas tengan una altura aproximada de 20–25 cm.

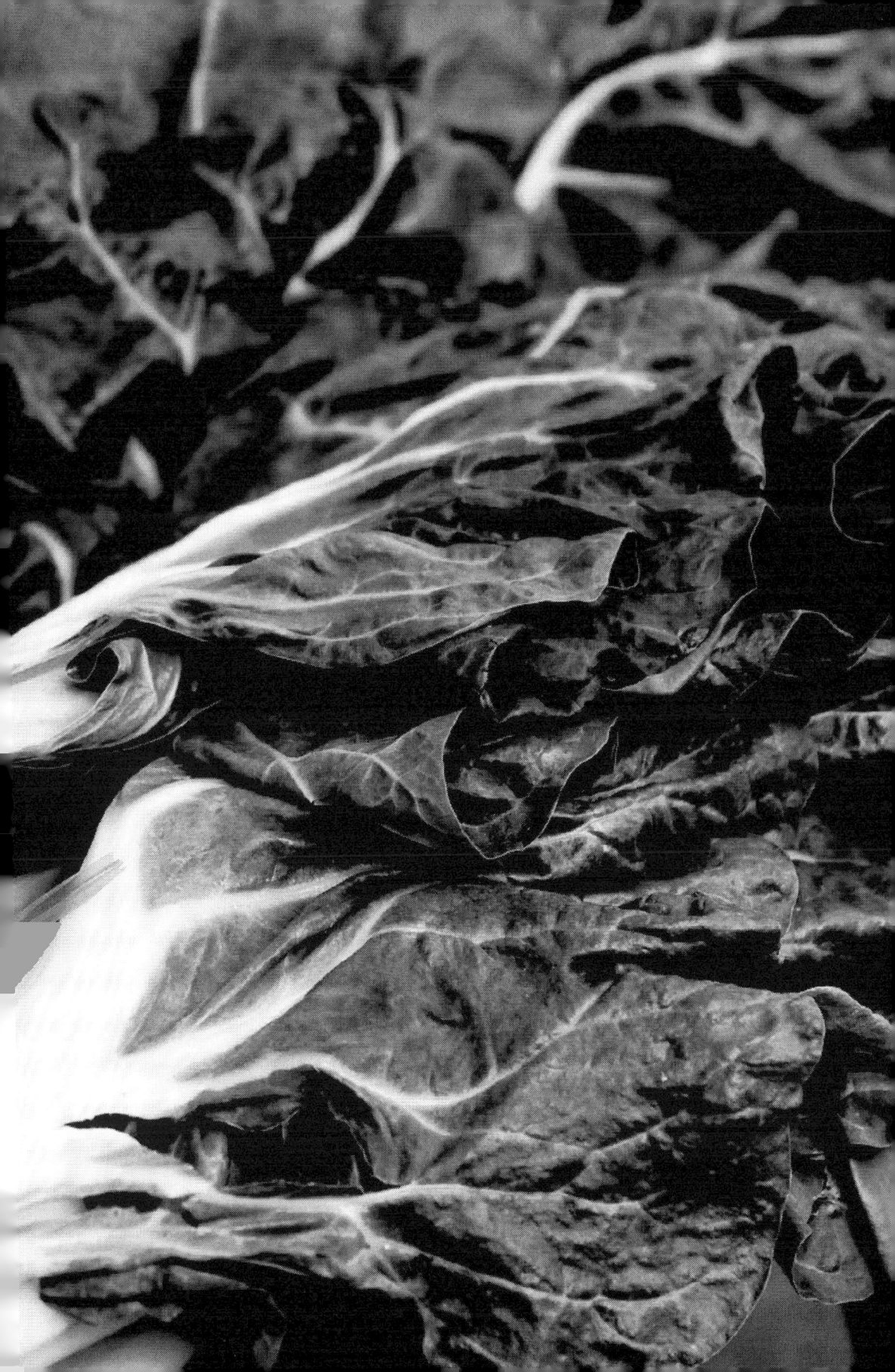

Ají

Nombre científico: *Capsicum annuum*

Ají, pimiento, morrón y chile son los nombres de un vegetal que puede tener colores muy distintos, tamaños muy diversos y, también, diferentes grados de picor. Fácil de cultivar tiene, además, una función ornamental agregando color a su lugar de emplazamiento.

Cultivo y cosecha

- Sembrar las semillas hacia finales del invierno o principios de la primavera.
- Se recomienda realizar una pre-siembra en semillero, con un buen compost previamente humedecido, tanto por debajo como por encima. Asimismo, regar de forma ligera como si fuera una lluvia y hacer que reciban luz y sol, pero no exponer a temperaturas extremas.
- Aproximadamente 2 meses después transplantar a su ubicación definitiva, cuya medida dependerá del tipo de variedad elegida.
- Llenar la maceta o el recipiente elegido con una tierra rica en nutrientes y levemente ácida, y asegurar un excelente drenaje colocando, por ejemplo, perlita.
- Necesita riego abundante, especialmente cuando la temperatura es alta. Como requiere de mucha humedad y como lo ideal es regarla sin mojar sus frutos, una alternativa ideal es colocar la maceta sobre un recipiente con agua para que "tome" lo que necesite. También es una excelente idea apoyar la maceta sobre una capa de guijarros húmedos.
- Le va bien una buena cantidad diaria de sol directo, aunque el exceso puede originar manchas en los frutos.
- Planta de origen tropical, la temperatura óptima para ella está en el rango de los 20-25° grados.
- Se lo cosecha, aproximadamente, a los 80 días de sembrado y cuando el fruto ya haya alcanzado el tamaño adecuado para su variedad.

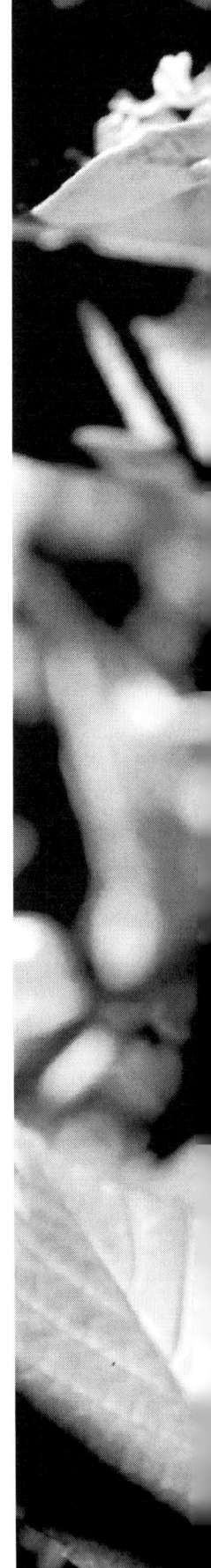

Cebolla

Nombre científico: *Allium cepa*

Infaltable en las cocinas de todo el mundo, la cebolla es un vegetal que (al igual que el ajo) posee benéficos efectos sobre la salud de quien la consume, por lo que puede considerársela tanto un alimento como un remedio. Cruda resulta fuerte y picante, pero cocida su sabor se atenúa y se torna dulce.

Cultivo y cosecha

- Puede sembrarse durante todo el año, pero la época óptima es distinta según la variedad y el ciclo de cultivo. Si tiene dudas acerca de ello, siembre las semillas hacia principios de la primavera.
- Se puede realizar una pre-siembra en semillero, con un buen compost previamente humedecido, tanto por debajo como por encima, pero lo cierto es que, debido a su rusticidad y alta resistencia, puede plantarse directamente en su emplazamiento definitivo. Si se opta por la primera opción, se debe regar de forma ligera como si fuera una lluvia y hacer que reciba luz y sol. Contrariamente a otras plantas en igual situación, pueden soportar temperaturas extremas, sobre todo si estas son bajas.
- Para el emplazamiento definitivo (al que se recomienda llevar los plantines de pre-siembra unos tres meses después de la siembra) no deben cumplirse muchas exigencias, ya que la cebolla no tiene raíces grandes y no precisa, por lo tanto, de una maceta muy profunda.
- Llenar la maceta o el recipiente elegido con una tierra rica en nutrientes, suelta y ligeramente ácida. Si se coloca algún material (como perlita) para facilitar un buen drenaje, mucho mejor.
- No necesita un riego abundante. Tanto este como el encharcamiento por falta de un buen drenaje pueden llegar a pudrir el bulbo o, al menos, a agrietarlo.
- En cuanto a luz, sí necesita un mínimo de cinco horas diarias de sol.
- Un clima templado, 15 a 23º, le resulta el ideal, pero puede adecuarse bien a un rango un poco más extenso.
- Se la cosecha entre 3 y 5 meses después de sembrarla, cuando las hojas comienzan a secarse y a caer sobre la tierra. Para hacerlo, se retira suavemente la planta completa.

Espinaca

Nombre científico: *Spinacia oleracea*

Rica en hierro y en otros múltiples nutrientes, la espinaca es una verdura de hoja verde que puede consumirse tanto cocida como cruda, hecho este último no muy conocido por estos lares.

Cultivo y cosecha

- Las semillas se pueden sembrar durante todo el año, aunque la época ideal resulta la primavera.
- Se recomienda realizar una pre-siembra en semillero, enterrando bien las semillas y sin regarlas hasta que germinen, manteniéndolas en un lugar cálido y a la sombra. Una vez que germinen, regar cada 3 días.
- Cuando los plantines ya tengan un par de hojas, cosa que deberá suceder aproximadamente entre 15 y 30 días después de su siembra, se los trasladará a su emplazamiento definitivo, donde podrán colocarse un par de plantas, siempre que la distancia entre ellas sea de unos 30 cm.
- Llenar la maceta o el recipiente elegido con una tierra muy buena, pues la espinaca es muy exigente al respecto. Se recomienda una mezcla muy rica en nutrientes y especialmente en nitrógeno, de buena estructura física, ligeramente suelta y con pH neutro, ya que tanto la alcalinidad como la acidez la perjudican, cada una a su manera. Un buen drenaje, también es fundamental.
- Regar moderadamente cuando es pequeña y todos los días durante el verano o cuando la planta ya ha crecido.
- Si bien gusta de la luz, es importante no someterla al sol intenso de las horas cercanas al mediodía. Es mejor que "tome sol" durante las primeras horas de la mañana.
- En cuanto a la temperatura soporta un rango muy extenso (incluso por debajo de los 0°), aunque el ideal se encuentra en aquellas que caracterizan al clima templado.
- Se la cosecha entre 1 y 2 meses después de sembrada. Se puede retirar la planta entera cortándola a nivel del tallo o bien, cuando esta alcanza los 10 cm de altura, se pueden ir sacando las hojas para su consumo.

Lechuga

Nombre científico: *Lactuca sativa*

La lechuga es una excelente alternativa para comenzar una macetohuerta, especialmente para aquellos con poca práctica en las lides del cultivo. No requiere de grandes cuidados, no necesita mucha profundidad de suelo y crece con facilidad.

Cultivo y cosecha

- Las semillas se pueden sembrar durante todo el año.
- Se recomienda realizar una pre-siembra en semillero, con un buen compost previamente humedecido, tanto por debajo como por encima. Asimismo, regar de forma ligera como si fuera una lluvia y hacer que reciban luz y sol, pero no exponer a temperaturas extremas.
- Cuando los plantines ya tengan un par de hojas, se los trasladará a su emplazamiento definitivo donde podrán plantarse varios de ellos convenientemente separados entre sí (20-30 cm).
- Llenar la maceta o el recipiente elegido con una tierra blanda, permeable, con abundante materia orgánica y, de preferencia, con un pH neutro.
- Regar diariamente durante el verano y cada 2 o 3 días el resto del año. Cuidado con el exceso de riego (especialmente si el suelo es pesado) pues puede hacer que se quemen los bordes de las hojas y hasta producir enfermedades.
- La luz del sol le resulta muy benéfica, siempre y cuando no se la combine con las altas temperaturas veraniegas. En estos casos, conviene colocarlas a la sombra durante las horas cercanas al mediodía.
- Se trata de un cultivo que se siente bien en clima fresco. El mayor peligro de las altas temperaturas –que deben evitarse– es que las hojas se tornen demasiado amargas

o se "espiguen", esto es, se forme un tallo largo que permite la no conveniente floración.
- Se la cosecha entre 20 y 90 días después de sembrada (dependiendo de la época y la temperatura). Se puede retirar la planta entera o bien, ir sacando las hojas para su consumo.

Rabanito

Nombre científico: *Raphanus sativus*

Carnosos, coloridos, sabrosos y picantes, los rabanitos son unas raíces cuyo cultivo no presenta mayores complicaciones, por lo que son una buena alternativa para un primer intento de huerta en maceta.

Cultivo y cosecha

- Las semillas se pueden sembrar durante todo el año, aunque los mejores resultados suelen obtenerse cuando se las siembra en primavera.
- Se puede realizar una pre-siembra en semillero, con un buen compost previamente humedecido, tanto por debajo como por encima, pero lo cierto es que puede plantarse directamente en emplazamiento definitivo, siempre que se la mantenga en un rango de temperatura de entre 18 y 22º. Si se opta por la primera opción se debe regar de forma ligera como si fuera una lluvia y hacer que reciban luz y sol.
- Si se elige la pre–siembra en semillero, se recomienda el traslado a su emplazamiento definitivo cuando aparezcan los primeros brotes, entre 15 y 30 días luego de la siembra. En el caso de los rabanitos sí se recomienda un recipiente ancho y profundo para que sus raíces puedan desarrollarse en plenitud.
- Se adapta bien a cualquier clase de suelo, aunque prefiere aquellos ricos en humus. Eso sí: un buen drenaje es imprescindible.
- Regar de forma regular y en pequeñas dosis, permitiendo que la tierra se mantenga siempre ligeramente húmeda, pero nunca encharcada.
- En cuanto a la variable luz, debido a su alto poder de adaptabilidad, no hay ninguna recomendación especial, más allá de la necesidad de proteger las plantas del intenso sol del verano.
- Aunque prefiere los climas templados, es muy resistente al frío.
- Se cosecha la planta entera, extrayéndola de la maceta. El tiempo adecuado para hacerlo varía entre los 45 y los 80 días posteriores a la siembra, de acuerdo a la variedad y al tamaño de la planta.

Rúcula

Nombre científico: *Eruca sativa*

Rica en hierro y en vitamina C, la rúcula es una verdura de hoja verde que en Argentina se ha descubierto recién en los últimos años. De gusto un tanto amargo, picante y sumamente aromática, convierte en un lujo cualquier ensalada y va excelente como toque final de una pizza, siempre agregada después del horneado.

Cultivo y cosecha

- Las semillas se pueden sembrar durante todo el año, aunque conviene saltear el verano.
- Se recomienda realizar una pre-siembra en semillero, con un buen compost previamente humedecido, tanto por debajo como por encima. Asimismo, regar de forma ligera como si fuera una lluvia y hacer que reciban luz y sol, pero no exponer a temperaturas extremas.
- Cuando los plantines ya tengan un par de hojas, cosa que deberá suceder aproximadamente entre 15 y 30 días después de su siembra, se los trasladará a su emplazamiento definitivo. En el mismo se podrán colocar un par de plantas, siempre que la distancia entre ellas sea de unos 15 cm.
- Llenar la maceta o el recipiente elegido con un buen compost, aunque lo cierto es que la rúcula no es muy exigente en cuanto a suelos.
- Regar moderadamente cuando es pequeña y todos los días durante el verano o cuando la planta ya ha crecido. Se recomienda regar abundantemente en los días previos a la cosecha para que las hojas resulten más tiernas.
- Si bien gusta de la luz, es importante no someterla al sol intenso de las horas cercanas al mediodía. Es mejor que "tome sol" durante las primeras horas de la mañana.
- En cuanto a la temperatura soporta un rango muy extenso (incluso por debajo de los 0º), aunque el ideal se encuentra entre los 15 y 25º.
- Se la cosecha entre 1 y 2 meses después de sembrada. Se puede retirar la planta entera cortándola a nivel del tallo o bien, cuando esta alcanza los 10 cm de altura, se pueden ir sacando las hojas para su consumo.
- Importante: cortar la planta antes de que florezca, pues la floración le cambia el gusto a las hojas.

Tomate

Nombre científico: *Lycopersicum esculentum = Solanum lycopersicum*

El tomate es una planta anual que, dependiendo del terreno, puede durar más de un año. Tiene muchísimas variedades de las cuales los redondos, los peritas y los cherries son en estos momentos los más habitualmente comercializados y consumidos.

Cultivo y cosecha

- Plantar las semillas hacia finales del invierno-principios de la primavera.
- Se recomienda realizar una pre-siembra en semillero, con un buen compost previamente humedecido, tanto por debajo como por encima. Asimismo, regar de forma ligera como si fuera una lluvia y hacer que reciban luz y sol, pero no exponer a temperaturas extremas.
- Cuando se abran los cotiledones y/o los plantines hayan adquirido un grosor de un par de milímetros, se los puede trasladar a su emplazamiento definitivo.
- Llenar la maceta o el recipiente elegido con compost blando, muy bien abonado, enriquecido con materia orgánica y con excelente drenaje. Además, lo ideal es un suelo ligeramente ácido. En las especies arbustivas, clavar cañas para guiar y sostener las plantas cuando crezcan.
- Regar abundante y puntualmente, manteniendo la frecuencia. La clave está en no dejar que el sustrato se seque, pero tampoco se encharque. Es buena idea apoyar la maceta sobre una capa de guijarros húmedos, de manera tal que se forme a su alrededor un ambiente húmedo. De esa forma, además, se evitará mojar las hojas, precaución muy conveniente.
- Los tomates necesitan mucho sol directo y se recomienda un mínimo de 6 horas diarias de luz.
- Asimismo, gustan de un clima templado tendiente a cálido (20 a 24º). No van bien con el frío e, indefectiblemente, mueren con las heladas. Por ello, si se los va a plantar en una región fresca es imprescindible evaluar la posibilidad de tapar la planta con un plástico durante las noches o cuando la temperatura baje.
- El momento de la cosecha se produce aproximadamente 3 meses luego de la siembra, cuando los frutos se encuentran rojos y maduros.

Hierbas aromáticas: la experiencia del sabor

Las hierbas aromáticas, hierbas finas o *herbes fines* constituyen un verdadero tesoro en la cocina. Desde hace siglos y hasta milenios, tanto la culinaria popular como la más refinada vienen utilizándolas para agregarles a los platos maravillosos toques de sabor y aroma que serían imposibles de lograr con otros ingredientes. Su utilización, primero como forma de diversificar una alimentación monótona y, luego, como hábito cultural, es una costumbre muy antigua que parece haber tenido su origen hace unos 4.000 años en el subcontinente indio para, luego, pasar a China y, posteriormente, a la Mesopotamia asiática. Gracias a los escritos griegos y romanos podemos tener una idea acabada de cuán importantes resultaron las hierbas aromáticas en la cocina de estos dos pueblos, cultural y geográficamente más próximos a nosotros. Y si de proximidad se trata, no podemos dejar de mencionar ni de recordar a los pueblos originarios americanos (mayas, aztecas, incas y tupí-guaraníes, entre otros) quienes, como no podría ser de otra manera, tenían un amplio repertorio de hierbas que le ofrecía un continente tan pródigo en vegetales.

Hoy en día y gracias al fenómeno de la globalización que incluye tanto a lo cultural como a lo económico, nos es posible probar y disfrutar tanto de hierbas aromáticas autóctonas como de otras venidas desde lejanos lugares del globo. Y también podemos cultivarlas en nuestro propio espacio verde, sea este un jardín, un soleado balcón y hasta un interior adecuado. Solo se trata de saber cómo y cuándo plantar cada hierba, y qué tipo de cuidados prodigarle.

Dónde cultivar hierbas aromáticas

- Por supuesto, todas ellas se sienten muy a gusto en el exterior, sea este un patio o un jardín, ya que su ambiente "original" (como el de todas las plantas) no puede sino haber sido el aire libre. Aun así, es bueno no perder nunca de vista que se las debe preservar del viento y de las corrientes de aire, ya que se trata de hierbas y, por lo tanto, resultan frágiles. Por esa razón se aconseja elegir un emplazamiento que esté libre de viento o, de lo contrario, proteger el jardín de hierbas con alguna celosía o bien formándole una suerte de barrera protectora con plantas de mayor porte.

- Los balcones son una instancia intermedia entre el emplazamiento interior y el exterior. Suelen tener la ventaja de ser soleados y la desventaja de ser ventosos. En este último caso, seguir las recomendaciones expuestas en el punto anterior.

- La cocina, en caso de ser luminosa y aireada, es un buen lugar para ubicarlas y, además, posee la ventaja de que se las tendrá a mano a la hora de realizar los platos. Pero si se elige esta ubicación se deben tomar algunas precauciones, tales como preservarlas del calor extremo que surge del horno y de las

hornallas, así como también del calefón en caso de que el emplazamiento elegido las exponga a él.

- Si se las coloca en algún otro lugar del interior de la casa, tener en cuenta que necesitan luz y aire y, sobre todo, no perder de vista que los ambientes calefaccionados conspiran seriamente contra su desarrollo.

- Una alternativa interesante consiste en plantarlas en macetas o jardineras y colocarlas en el exterior durante la primavera, el verano y parte del otoño, y entrarlas durante el invierno, de forma tal que queden a resguardo de las bajas temperaturas y de las heladas, aunque siempre teniendo la precaución de emplazarlas fuera de ambientes calefaccionados.

¿Suelo o macetas y jardineras?

Ambas son alternativas válidas para el cultivo de hierbas aromáticas.

- Emplazarlas en el suelo permitirá hacer con ellas macizos y borduras (la mejorana, el orégano y la lavanda son especiales para ello) y conseguir en temporada una producción importante que podrá secarse y guardarse convenientemente para contar con hierbas en otra época del año. La desventaja del cultivo en suelo es la mayor posibilidad de que las plantas contraigan plagas, al estar más expuestas y tener menor control sobre ellas.

- Una opción más humilde y controlable es la de cultivarlas en macetas, jardineras o cualquier otro tipo de recipiente transportable, donde crecen perfectamente aunque, por supuesto, se obtiene una producción menor. En estos casos, cualquiera sea el recipiente elegido, es fundamental que cuente con un buen sistema de drenaje (agujeros en su base) de forma tal que el agua no se acumule, ya que esa acumulación –salvo en excepciones como la menta o la hierbabuena– suele resultar altamente perjudicial para las hierbas aromáticas.

Pautas básicas para cultivar hierbas aromáticas

Una forma muy sintética de resumir las necesidades de la mayor parte de las plantas aromáticas es: clima cálido y seco, poco riego, mucha luz y ausencia de viento. A continuación, ahondamos al respecto:

La mayoría de las hierbas aromáticas necesita sol (aunque no directo, en general) y mucha luz.

La cocina, en caso de ser luminosa y aireada, es un buen lugar para tenerlas, aunque deberá preservárselas del calor extremo que surge del horno y de las hornallas.

Otro sitio posible es el balcón, siempre que no sea muy ventoso.

Por supuesto, todas ellas se sienten muy a gusto en el exterior, sea este un patio o un jardín. Aun así, es bueno no perder nunca de vista que se las debe preservar del viento y de las corrientes de aire (aun en aquellos casos en que se trate de un arbusto, como es el caso del laurel) por lo que se deberá ser cuidadoso al escoger el sitio de emplazamiento.

Una alternativa interesante y utilizada por mucha gente es plantarlas en maceta y colocarlas en el exterior durante la primavera, el verano y parte del otoño, y entrarlas durante el invierno, de forma tal que queden a resguardo de las bajas temperaturas y de las heladas.

- El sustrato o asiento en el que se colocarán las semillas o la planta es, por supuesto, muy importante a la hora de un desarrollo adecuado. Uno muy conveniente es una mezcla compuesta por una parte de turba y otra de arena. Otro consiste en mezclar una tercera parte de turba, una de arena y una de compost.

- La mayoría de las hierbas aromáticas (a excepción de la menta) se ve muy perjudicada con el exceso de riego, y soportan y hasta gustan mucho más de una tierra seca que de otra húmeda en exceso o, peor que peor, encharcada. Por ello, una manera de saber cuándo regar una hierba consiste en hacerlo cuando se nota que ha perdido lozanía.

- Se recomienda regarlas a primeras horas de mañana o bien durante el atardecer.

- Si se encuentra en maceta y sólo durante su desarrollo, resulta recomendable fertilizarla aproximadamente cada 15 días con algo de abono líquido. Sin embargo, habrá que verificar qué es lo que necesita cada especie en particular al respecto.

- Igualmente es bueno no excederse en lo que a abono se refiere. Si se abonan de más pierden parte de su sabor y de su aroma.

- Conviene hacer cavas varias veces al año, ya sea en la maceta o en la tierra, de forma tal de romper la costra que suele formarse en la superficie, airear la tierra y, de paso, eliminar las malas hierbas que pueden haberse formado

y desarrollado. Sin embargo, siempre se debe labrar la tierra de forma muy superficial, ya que de lo contrario se corre el riesgo de lastimar las raíces.

Luchando contra las plagas

Las hierbas y los arbustos aromáticos (al igual que cualquier otra planta) se encuentran expuestos a plagas diversas. Efectivamente, todas ellas pueden ser atacadas por insectos (ácaros, caracoles, arañas, etc.) o bien por enfermedades producidas por hongos o bacterias. Sin embargo, para luchar contra ellas hay que ser sumamente cuidadoso debido a que estas plantas se ingieren y los plaguicidas pueden resultar muy tóxicos. Por ello, toda sustancia de este tipo debe ser aplicada con un mínimo de dos semanas previas a la recolección de hojas para ser usadas en la cocina, o bien se debe consultar en la etiqueta del producto aplicado cuál es el tiempo que se debe esperar antes de consumir. Ese lapso se conoce como plazo de seguridad.

Otra alternativa que ofrece el mercado actual al respecto son los insecticidas biológicos que reemplazan a los de origen químico. Vale remarcar que, si bien su toxicidad es mucho menor, también lo es su eficiencia y existen ciertas plagas que no pueden ser combatidas por ellos.

Alternativas para su conservación

Por supuesto, tener un jardín de plantas aromáticas supone la posibilidad de consumir hierbas frescas y recién cortadas. Y ello no es poca ventaja. Sin embargo, también es bueno acopiarse de una reserva, sobre todo cuando con ello se gana en sabor y aroma, como es el caso del laurel seco. Para conservar hierbas existen varios métodos que explicaremos, pero antes de hacerlo, una recomendación de orden más general: cuando se acopian las hojas para almacenar, siempre conviene hacerlo lo más inmediatamente posible antes de la floración, ya que es en ese momento cuando existe la mayor concentración de aceites esenciales, lo que asegura mayor fragancia e igual sabor.

Los métodos de conservación son, básicamente, dos: secado y congelado. A su vez, el primer método puede efectuarse de acuerdo a dos modalidades: al aire libre o al horno.

El secado al aire libre supone el método más tradicional. Para efectuarlo pueden atarse las hierbas en ramilletes y colgarlas boca abajo en un lugar ventilado y, de preferencia oscuro y cálido (la temperatura ideal oscila entre los 20 y 27º) hasta que adquieran la sequedad deseada. Otra forma de secarlas consiste en extenderlas sobre un papel absorbente, también en un lugar con las características antes mencionadas. De acuerdo a la hierba en cuestión y al lugar, tardará más o menos una semana en deshidratarse.

Para secarlas al horno se colocan las hierbas sobre la rejilla, se las cubre con papel de aluminio y se las deja allí durante dos horas, con el horno a 50º y la puerta entreabierta.

Una vez secas (cualquiera haya sido el método utilizado) se las guarda en frascos de vidrio cerrados herméticamente o bien en bolsitas herméticas confeccionadas especialmente para el uso culinario. En ambos casos, deben almacenarse en un lugar fresco y oscuro.

Congelar las hierbas es la otra alternativa y en ella también existen dos modalidades.

La primera de ellas consiste, simplemente, en colocar las hierbas frescas y apenas cortadas en una bolsa de congelación o en papel de aluminio y freezarlas.

La segunda opción requiere formar cubitos de hielo con hierbas. Para ello, se pica la variedad en cuestión, se la mezcla con un poco de agua mineral y se llena con esta mezcla parte de una cubetera o bolsitas de congelación. A la hora de usarlas se podrá poner el cubito en un colador y dejar que escurra o, simplemente, agregar el cubo, por ejemplo, en una salsa.

La hierbas congeladas suelen aguantar bien unos seis meses pero en algunos casos, como en el de la albahaca, su textura se resiente. El tomillo, por el contrario, soporta perfectamente la congelación.

Las hierbas aromáticas más usadas

En lo relativo al uso, existen clásicos universales y, por el contrario, algunas hierbas cuyo uso intensivo es casi exclusivo de una determinada cultura gastronómica. A continuación, las hierbas más usadas.

Albahaca

Nombre científico: *Ocimum basilicum*

Originaria de la India, pero ya credencial indiscutible de la cocina italiana es, junto con el ajo, el componente esencial del pesto y, en compañía de tomate fresco y mozzarella, conforma la mezcla caprese, base de ensaladas, empanadas y otras preparaciones. Fundamental: debe agregarse en los platos hacia el final y no debe cocinarse.

Cultivo

- Sembrarla hacia finales del invierno y durante la primavera en semilleros.
- Colocar las semillas a escasa profundidad.
- Se trata de una planta de cultivo sencillo, incluso en suelos pobres. Sin embargo, agradece una tierra ligera, fresca y bien drenada.
- Asimismo se recomienda abonar el suelo antes de la siembra.
- La germinación se produce entre los 10 y 15 días.
- Hacia mediados de verano se transplanta con cuidado (de forma tal de no dañar las raíces) y se las coloca en hileras a unos 30 cm de distancia entre una planta y otra.
- Va bien en ventanas, alféizares y, por supuesto, en el jardín.
- Regar en abundancia.
- Gusta del sol pleno, pero también le va bien la media sombra.
- No soporta bajas temperaturas y, mucho menos, heladas, pero con el calor adecuado puede aguantar en interiores hasta, aproximadamente, mediados del invierno.
- Cuando comiencen a formarse los capullos florales se recomienda desmonchar las puntas para que mantenga un crecimiento tupido y no seque luego de la floración.

Recolección y conservación

- Lo ideal es recolectarla tierna y consumirla cruda de inmediato para aprovechar al máximo su sabor y su aroma.
- Si se debe esperar, refrigerarla en una bolsita de polietileno, luego de haber humedecido levemente sus hojas.
- También se la puede secar, pero pierde parte de su sabor.
- Otra opción es conservar las hojas añadiendo un poco de sal entre una y otra, y colocándolas en un frasco con aceite para, luego, guardar refrigerado.
- También existe la alternativa de congelar las hojas frescas, pero de esa forma pierd buena parte de su aroma y, prácticamente, toda su textura.

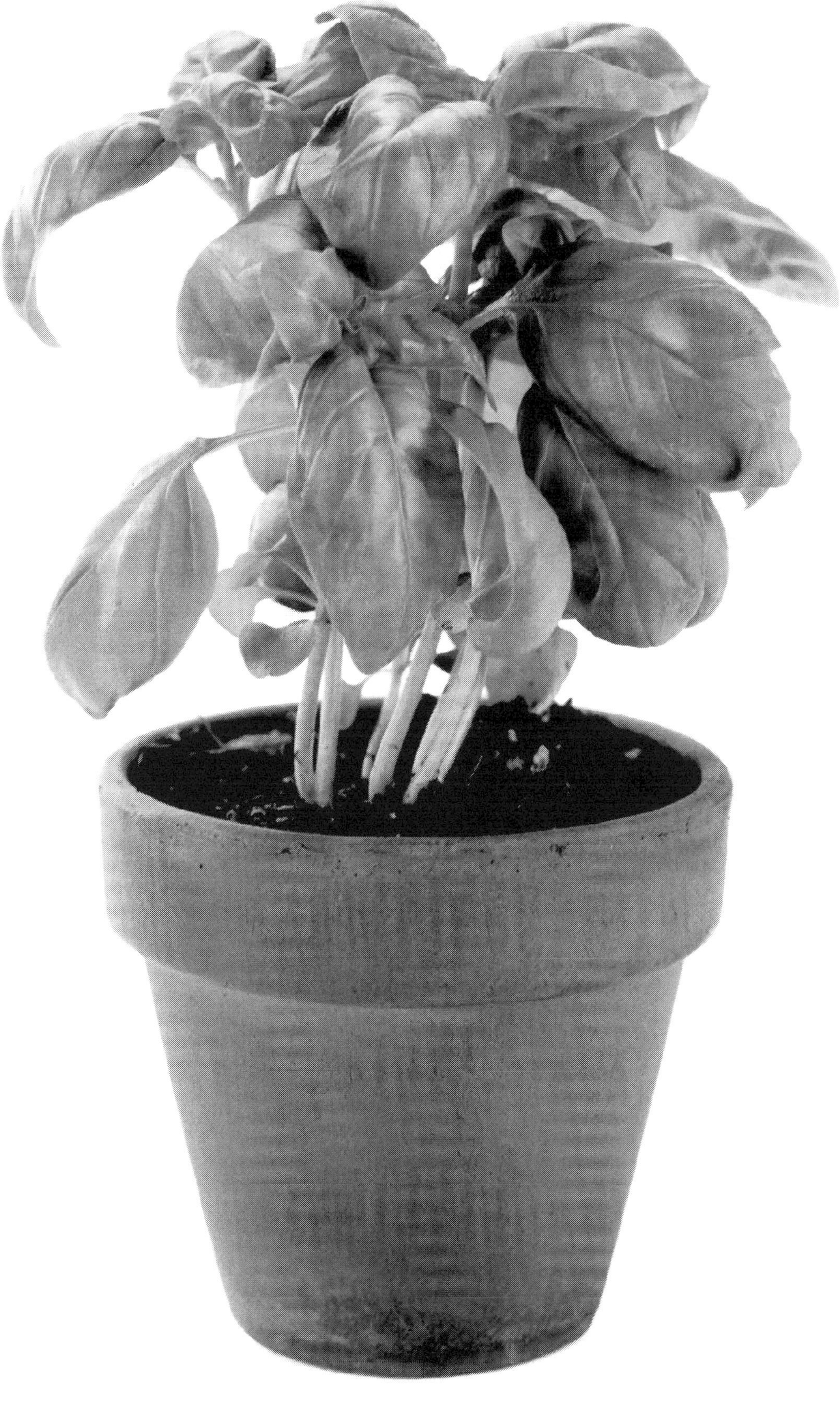

Cilantro

Nombre científico: *Coriandrum sativum*

De aspecto parecido al perejil pero de olor y sabor completamente distinto, se trata de una hierba que hace siglos se utiliza en el sudeste asiático, en México y en buena parte de las cocinas latinoamericanas, aunque en nuestro país su auge es bien reciente. Forma parte del guacamole, de los curries y va bien en sopas y guisos, donde siempre debe agregarse crudo una vez servido el plato y nunca durante la cocción.

Cultivo

- Sembrar las semillas en primavera, en hileras a unos 30 cm unas de otras, colocándolas a aproximadamente 1 cm de profundidad.
- La germinación se produce a las tres semanas.
- Prefiere suelos calcáreos.
- Cuando se hayan formado los plantines, escardar y dejar 12 cm entre cada planta.
- No regarlo en exceso, de manera tal que se formen charcos.
- Necesita mucha luz, aunque de preferencia no sol directo.
- No se lo debe exponer al viento.
- Jamás abonar con productos que contengan nitrógeno. Por el contrario, el potasio le sienta muy bien.
- No exponer a temperaturas bajas, pero tampoco excesivamente altas: lo ideal es un ambiente de entre 15 y 20º.

Recolección y conservación

- Lo ideal es recolectarlo tierno y consumirlo crudo y de inmediato para aprovechar al máximo su sabor y su aroma.
- Una vez recogidas las hojas, para conservarlas más tiempo frescas se recomienda colocar sus tallos en agua y cambiarla todos los días.
- También se lo puede conservar en la heladera por un par de días, preferentemente envuelto en papel de diario.
- No se recomienda secarlo.
- Puede congelarse.

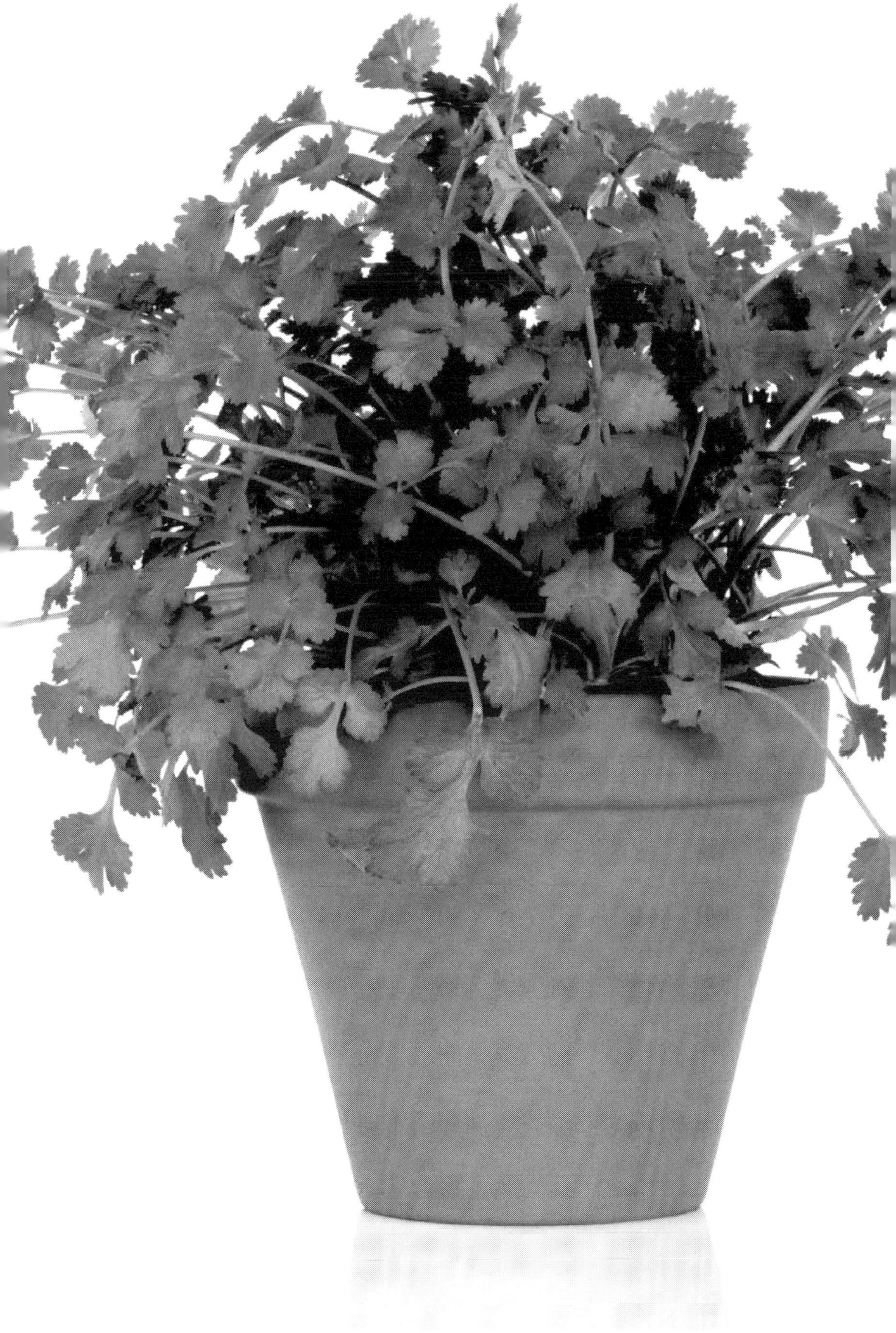

Estragón

Nombre científico: *Artemisia dracunculus*

De aroma y sabor en extremo refinado, el estragón es considerado la hierba ideal para condimentar el pollo. Es, además, uno de los cuatro ingredientes de las *fines herbes* y una de las típicas hierbas (en una rama con sus correspondientes hojas) para aromatizar vinagres. Puede utilizarse tanto fresca como seca y, si se la poda y cuida adecuadamente, puede llegar a vivir 10 años.

Cultivo

- Sembrar las semillas en primavera en suelo fresco, fértil y rico en humus.
- Plantar en hileras a una distancia de 30 cm entre ellas y dejando unos 40 cm entre plantas.
- No regarlo en exceso, de manera tal que se formen charcos. Se recomienda hacerlo cada 3 días en verano.
- Le va bien el sol directo.
- No exponer a temperaturas bajas.
- Abonarlo durante la primavera con algún fertilizante adecuado (averiguar en un vivero de confianza).
- Podarlo en otoño, desde bien abajo, dejándole prácticamente sólo la base.
- Para conservar todo su potencial, además de podarlo, cada dos años y hacia el fina de la primavera, se debe sacarlo de raíz, dividirlo y volverlo a plantar.

Recolección y conservación

- Se pueden recolectar sus hojas tiernas y usarlas de inmediato, pero es una hierba que va muy bien seca.
- Para ello, conviene cortar las hojas en verano, ponerlas a secar en un lugar seco y oscuro, y conservarlas ya secas en un frasco de vidrio bien tapado.

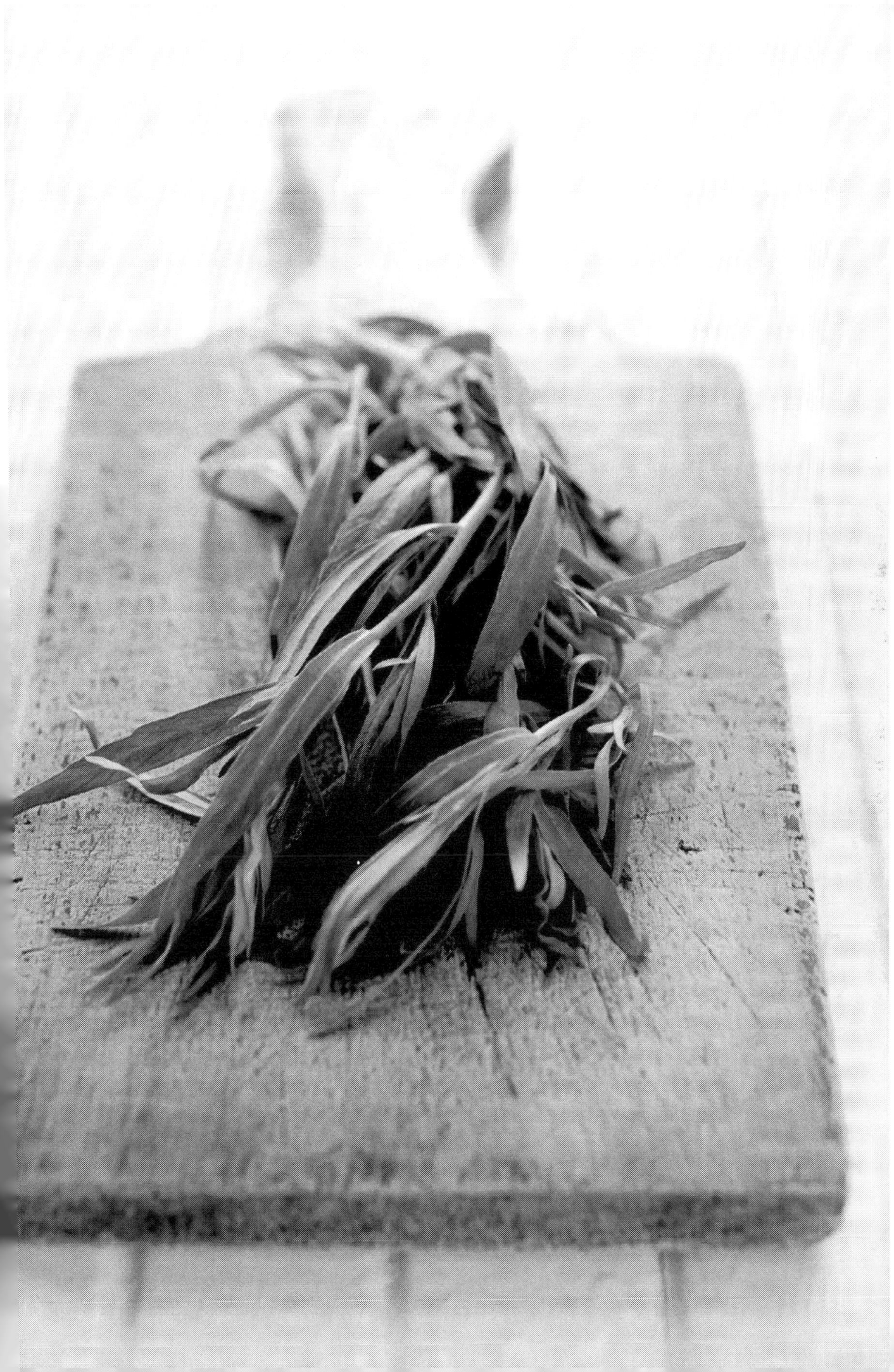

Laurel

Nombre científico: *Laurus nobilis*

Arbusto proveniente del Mediterráneo, sus hojas son un ingrediente tradicional del *bouquet garni* y forman parte de marinadas, escabeches y adobos varios. Se puede usar tanto seco como fresco, aunque de esta última manera tiene un sabor y un aroma menos intenso.

Cultivo

- Conviene plantar el arbusto ya formado y hacerlo en primavera.
- A pesar de que puede alcanzar un tamaño considerable, es una planta que se da muy bien en maceta si bien, por supuesto, esta debe ser lo suficientemente grande como para permitir su desarrollo.
- Prefiere un suelo rico y bien drenado.
- Es un arbusto que resiste muy bien la sequía, pero el exceso de agua podría resultarle fatal, por lo que siempre es preferible regarlo de menos que de más.
- Se trata de una planta de cultivo sencillo, pero es primordial preservarla de las heladas, ofrecerle buena luz y no exponerla a vientos fuertes.
- Una buena idea es colocarlo en un sitio luminoso y junto a una pared.
- Durante el verano no exponerlo al sol directo, ya que esto podría quemar sus hojas.
- Aunque la planta muera en invierno, en general sus raíces vuelven a brotar una vez llegada la primavera.

Recolección y conservación

- Sus hojas frescas pueden recolectarse en cualquier momento del año para ser usadas de inmediato.
- Si se las quiere secar, es preferible recogerlas durante el otoño.
- Se recomienda secarlas en un lugar oscuro, para que conserven su color verde no se tornen pardas.

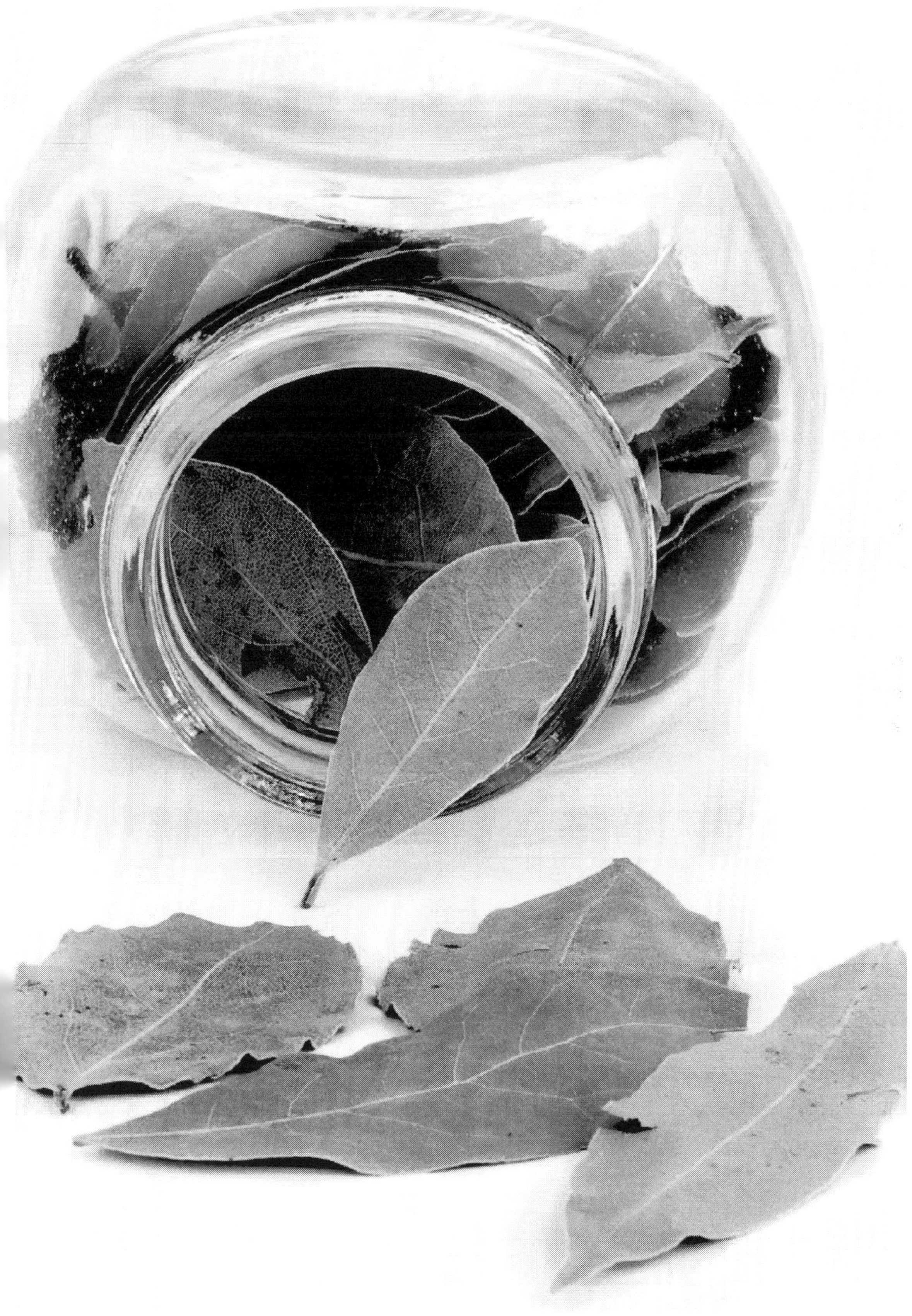

Menta

Nombre científico: *Mentha piperita*

De sabor versátil, fresca y sumamente aromática, la menta (de la que existen múltiples variedades) es una de las hierbas por excelencia para condimentar el cordero y, por supuesto, es la base del conocido y digestivo "té de menta". Usada en pequeñas cantidades combina bien con el resto de las hierbas y una ramita fresca constituye el broche de oro de la mayoría de los postres. Se puede utilizar tanto fresca como seca y vive hasta, aproximadamente, los seis años.

Cultivo

- Prefiere una tierra rica en humus, un tanto arcillosa y bien drenada.
- Plantar las semillas en hileras a 40 cm unas de otras y con 30 cm entre plantas.
- Necesita mucha agua (de hecho, en la naturaleza llega a crecer en terrenos encharcados) por lo que se recomienda regarla abundantemente, no dejando nunca que su tierra se seque.
- Conviene ubicarla a la sombra o en semisombra.
- Sumamente resistente a las bajas temperaturas, puede soportar hasta –10º.
- Agradece el enriquecimiento periódico con abono de liberación lenta.
- Tiende a ser una planta invasiva, por lo que conviene podarla periódicamente –preferentemente en otoño cuando caen sus hojas– sobre todo si se encuentra en un jardín compartiendo la tierra con otras plantas.
- Asimismo, se recomienda recortarla a principio del verano para estimular el desarrollo de sus hojas.

Recolección y conservación

- Por supuesto, las hojas se pueden usar frescas.
- También soporta muy bien la congelación perdiendo pocas de sus propiedades organolépticas.
- Asimismo se las puede secar antes de guardarlas en un frasco de vidrio bien tapado.

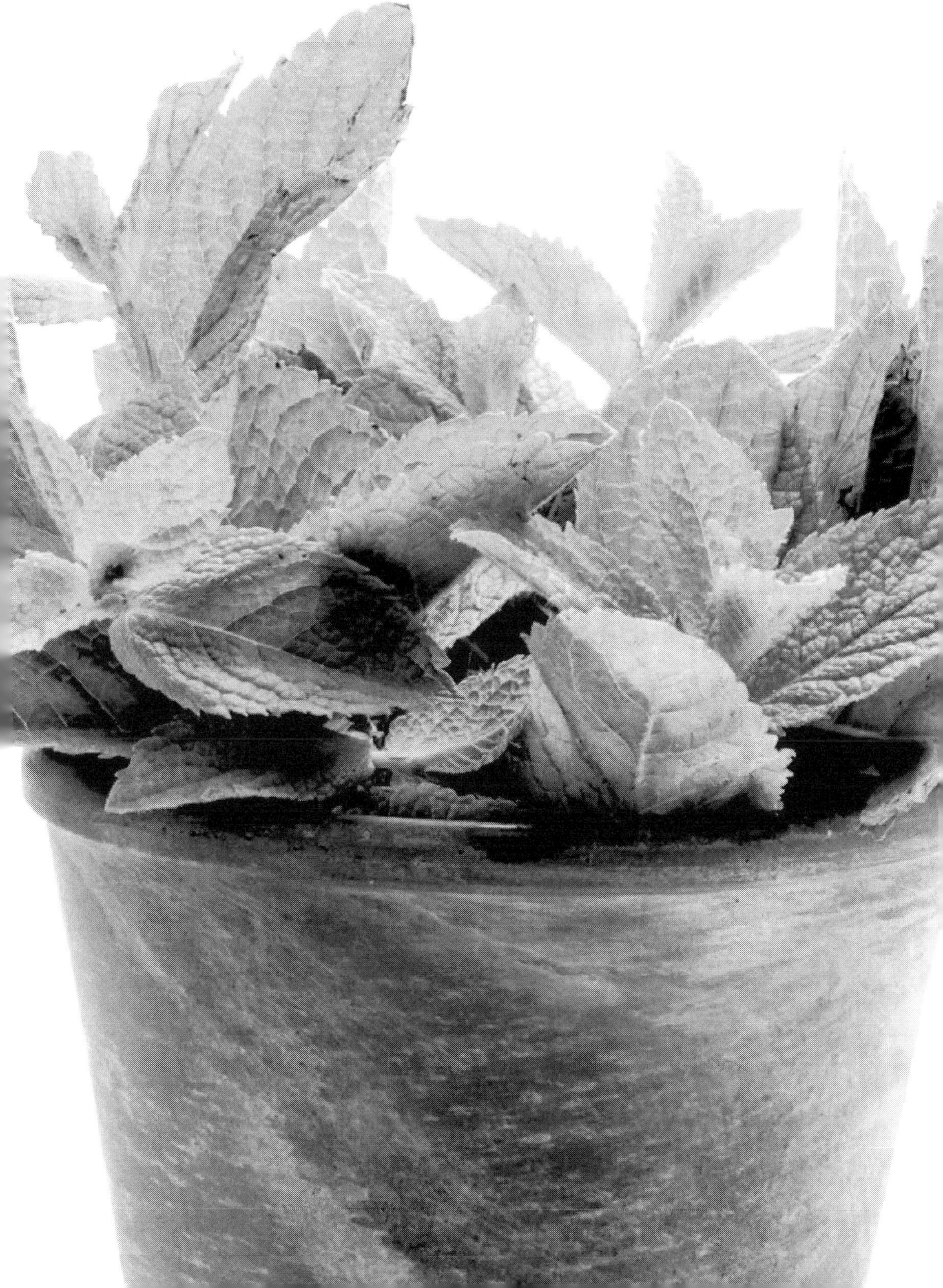

Orégano

Nombre científico: *Origanum vulgare*

Se trata de una de las plantas más utilizadas en la cocina de nuestro país: la pizza de mozzarella termina con un toque de esta hierba y la provoleta al oreganato habla por sí sola a través de su nombre. Además, va bien con la carne, y excelente con tomates y otros vegetales mediterráneos.

Cultivo

- De cultivo fácil, bastará con colocar algunas semillas en una maceta y emplazarla, por ejemplo, en una ventana o al aire libre.
- Se siembra hacia fines del invierno y durante toda la primavera, de modo tal de recolectar sus hojas durante el verano.
- Se recomienda poner las plantas en hileras a 30 cm unas de otras y dejando 20 cm entre plantas.
- Va bien con sol directo y siempre necesita mucha luz.
- No es muy exigente en cuanto al suelo y soporta los que tienen pocos nutrientes y hasta los pedregosos.
- Es fundamental no excederse en el riego, así como también que tenga un excelente drenaje de forma tal que no se acumule agua. Esperar a que la tierra esté bien seca para regar nuevamente.
- Resiste las temperaturas bajas y las heladas, pero si no se las expone a ellas, mucho mejor.

Recolección y conservación

- Para usar fresco, cortar los tallos que se encuentran más cercanos al suelo y retirarles las hojas.
- Si se lo va a secar, es muy importante retirarle las hojas antes de que se produzca la floración.

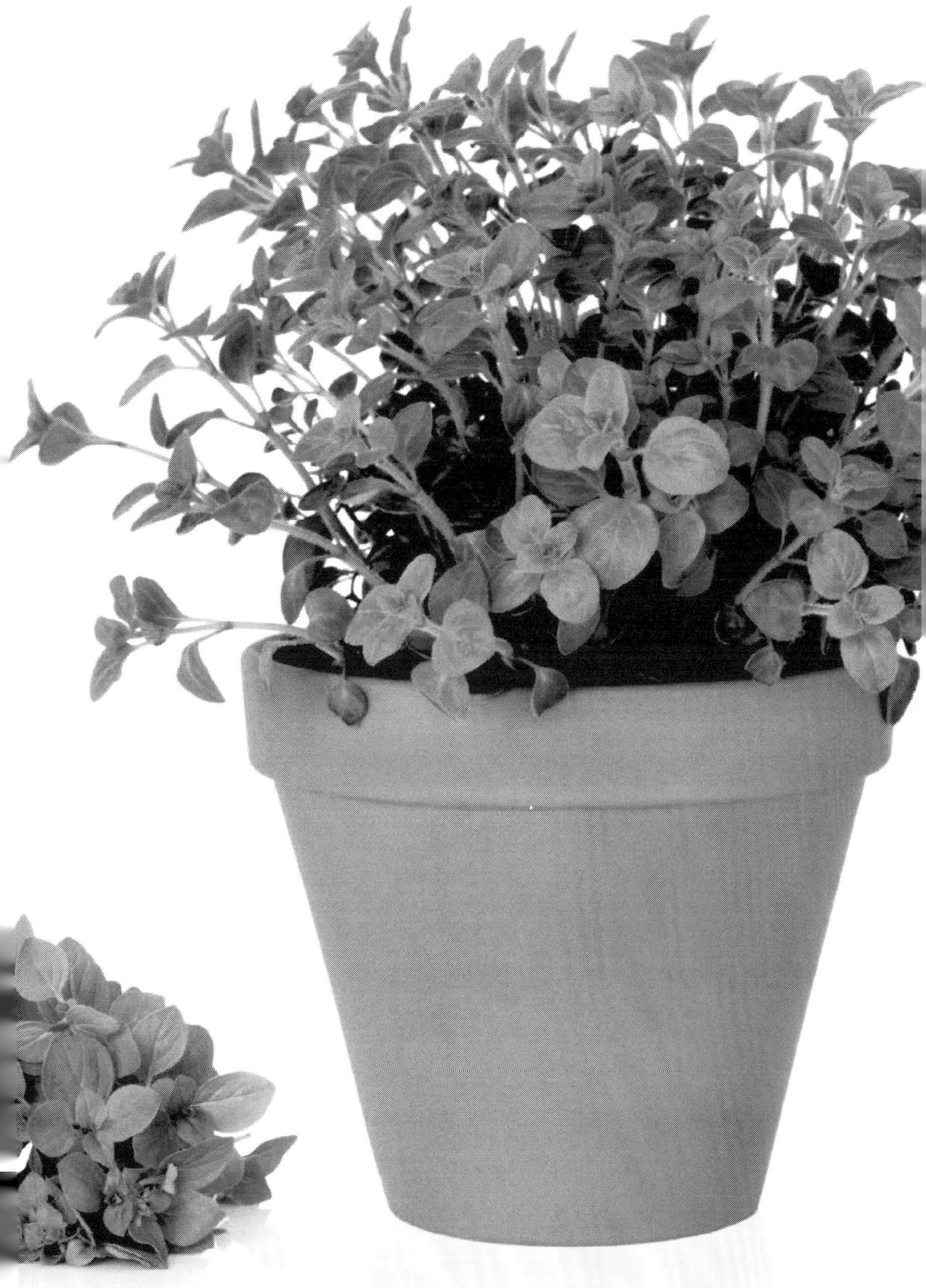

Tomillo

Nombre científico: *Thymus vulgaris*

Intenso, cálido y terroso, el tomillo es ideal para condimentar guisos y estofados pues soporta muy bien cocciones prolongadas. También condimenta a la perfección verduras grilladas y al horno, y es un ingrediente esencial del *buquet garni*.

Cultivo

- Sembrarlo hacia finales del invierno y durante la primavera, en semilleros. Tener en cuenta que necesita luz para germinar.
- Planta por demás resistente, se encuentra a gusto en climas secos y tierras áridas.
- El exceso de humedad es muy perjudicial, por lo que necesita poco riego y un magnífico drenaje que le asegure que no se acumule agua.
- Se desarrolla mejor en lugares soleados, por lo que si se lo cultiva en interior conviene situarlo cerca de una ventana con mucha luz.
- Asimismo, responde mejor a las temperaturas altas y debe resguardárselo de las heladas y de temperaturas en extremo bajas.
- No precisa ningún tipo de abono especial.
- Quitarle las flores marchitas para favorecer un crecimiento más denso y tupido.
- Asimismo, se recomienda podarlo poco y frecuentemente a lo largo de la primavera y el verano.

Recolección y conservación

- Para utilizarlo fresco, se corta un tallo y se retiran de él las hojas. Conviene tomar los tallos que se encuentran a pocos centímetros del suelo y hacerlo antes de que la planta florezca.
- Para secar, proceder de igual manera y luego secar las hojas en un lugar fresco y ventilado.
- Una vez seco, soporta muy bien la congelación.

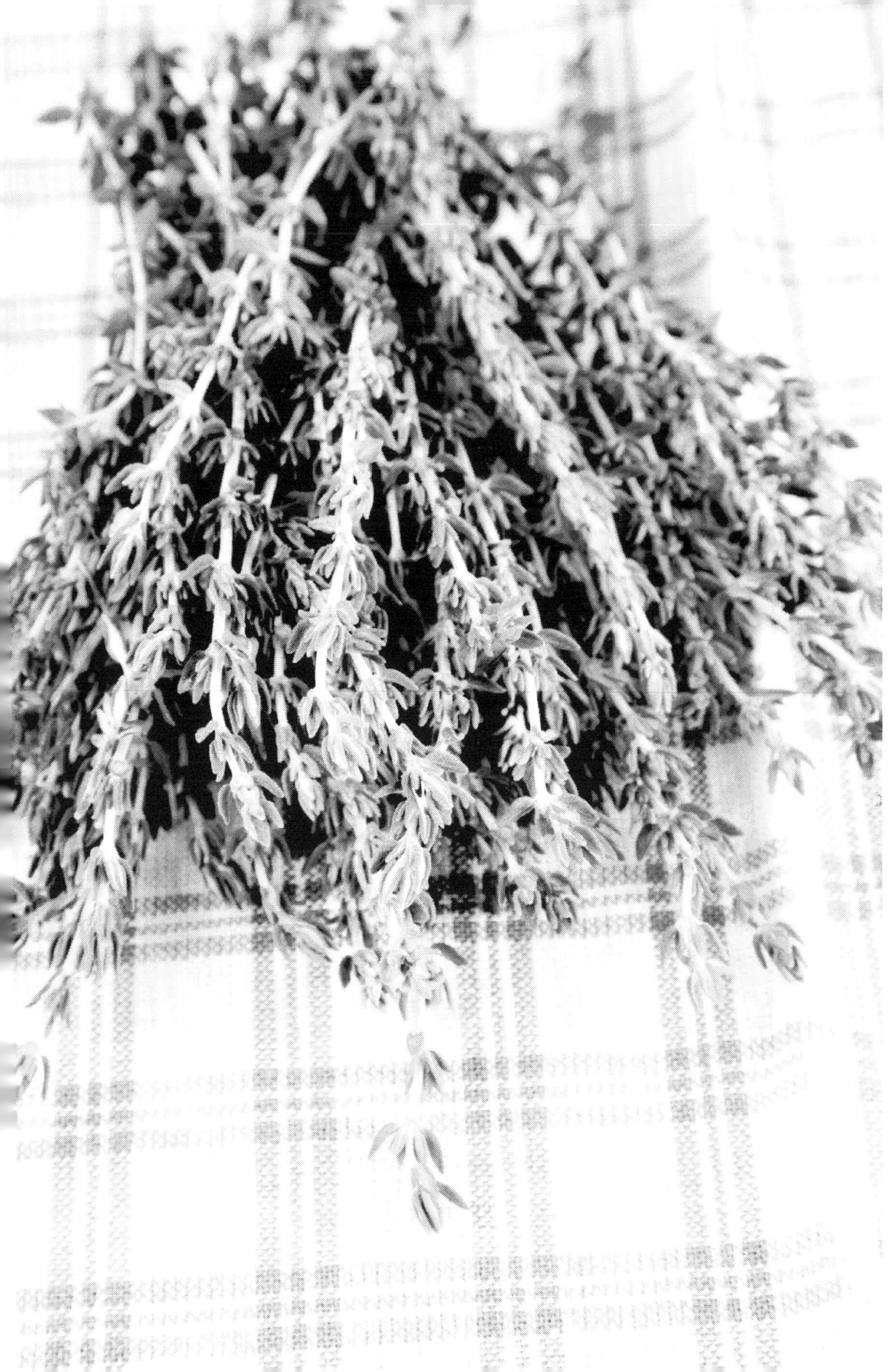

Ciboulette

Nombre científico: *Allium schoenoprasum*

Es el miembro de sabor suave de la familia de las cebollas y de los ajos. Finamente cortada, constituye una sazón excelente para todo plato en base a papas y/o huevos. Además, va muy bien como toque final (tanto de sabor como decorativo) de ensaladas y sopas. Se la puede utilizar sola o en combinación con otras hierbas.

Cultivo

- Sembrar las semillas hacia finales del invierno o del verano. También se pueden plantar los bulbos hacia principios de la primavera.
- En todos los casos plantar en hileras de 25 cm unas de otras y dejando 20 cm entre ejemplares.
- Necesita un terreno calcáreo, rico en humus y algo húmedo
- Por esa necesidad de humedad, es bueno regarlas antes de que la tierra se seque aunque, por supuesto, siempre evitando encharcar el terreno.
- En cuanto a la luz, puede crecer tanto con sol directo como en un terreno umbroso.
- Soporta bien las bajas temperaturas y hasta las heladas.
- Tiene una vida promedio de tres años, aunque en condiciones realmente muy propicias puede alcanzar la década.

Recolección y conservación

- Lo ideal es recolectarla tierna y consumirla cruda, pues al secarla pierde gran parte de su sabor.
- Para ello, cortar hojas y tallos a un tercio de la altura del bulbo antes de que alcancen su pleno desarrollo.
- No utilizar los tallos florales ni recortar los ápices. Asimismo, tampoco dejar que florezcan si se desea un suministro regular de hojas

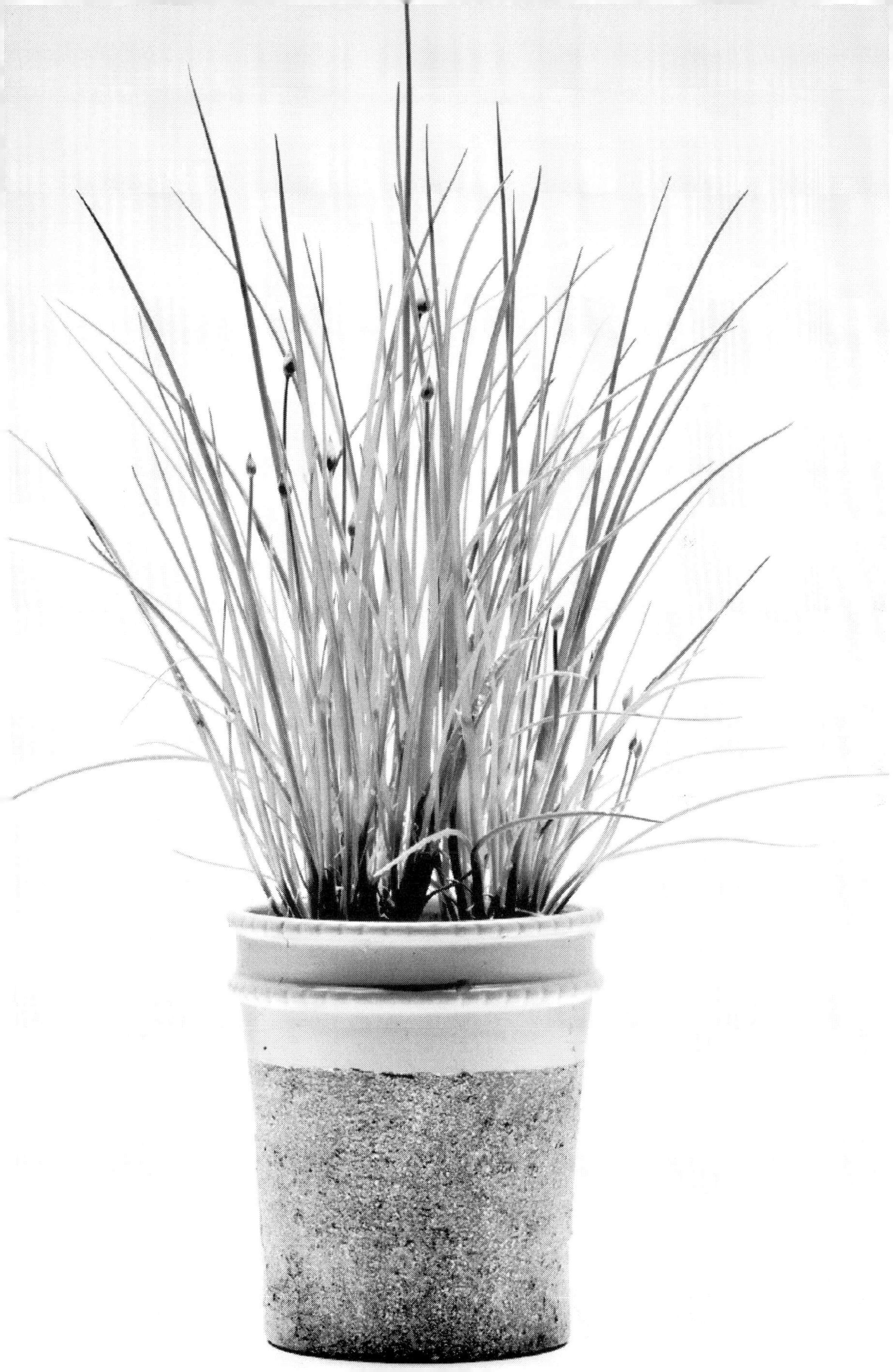

Hinojo

Nombre científico: *Foeniculum vulgare*

Pese a que estamos habituados a utilizar solamente su blanco en ensaladas y a descartar el resto, en ese "resto" se encuentra una hierba aromática de primera calidad y sabor único, dulce y anisado con toques de regaliz. En Europa es un condimento tradicional para el pescado y sus tallos con hojas pueden usarse para saborizar caldos.

Cultivo

- Aunque se puede obtener de semillas plantadas en primavera, lo recomendable es comprar una planta en un vivero y emplazarla en el suelo o en una maceta grande, ya que suele alcanzar con facilidad 1,5 metros de altura y llegar hasta los 2,5 metros.
- Prefiere los suelos más bien secos aunque no en demasía, algo calcáreos y bien drenados, y es fundamental evitar aquellos de características arcillosas.
- Es una planta de riego moderado.
- Necesita una exposición solar media, con buena luz pero preferentemente no con sol fuerte directo.
- Su hábitat natural es de clima templado y templado–cálido, por lo que se siente bien en rangos de temperatura cercanos a los 20º.

Recolección y conservación

- Para utilizar el hinojo a modo de hierba aromática, lo mejor es recoger sus hojas durante el verano, cortando algunos de los brotes más altos, de forma tal de asegurarse una provisión continuada de hojas nuevas.
- Una vez recogido mantener fresco en la heladera.
- Otra opción es secarlas, para lo cual se deben colgar los tallos con sus hojas en un lugar cálido. Una vez secos, se le retiran las hojas y se las guarda en un frasco de cristal cerrado herméticamente.

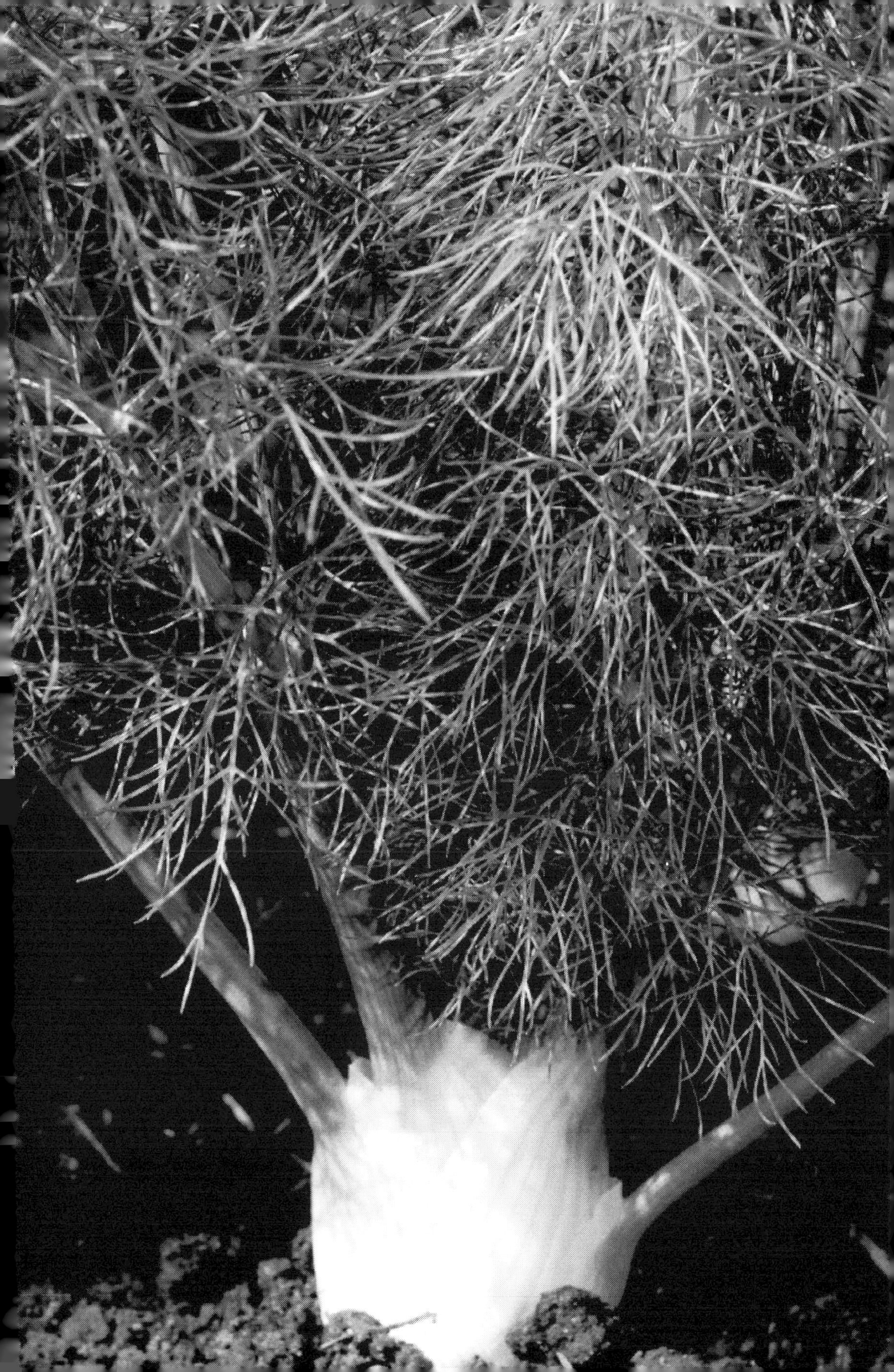

Perejil

Nombre científico: *Petroselinum hortense*

Hierba de uso universal, si las hay, el perejil puede servir para sazonar prácticamente todos los alimentos: carnes, pescados, aves, vegetales, etc. Junto con el ajo forma la provenzal, uno de los aliños preferidos para papas fritas y, más antiguamente, para el pollo. Algo que poca gente sabe: es un alimento particularmente rico en vitamina C.

Cultivo

- El perejil es, además de todo lo dicho, una hierba altamente resistente.
- Se siembra colocando las semillas en hileras a unos 10 cm unas de otras, desde finales del invierno hasta finales del verano.
- La germinación se produce a las cuatro semanas.
- Si bien se siente a gusto en los climas cálidos, es muy resistente al frío.
- Asimismo, crece prácticamente en cualquier tipo de terreno, aunque el que mejor le sienta es el que es algo húmedo.
- Va bien tanto en la tierra como en maceta.
- En general, se recomienda regarlo día por medio, pero esta es una consideración general que deberá adecuarse al clima de cada lugar.
- Se lo debe proteger del sol directo, pero debe recibir (como mínimo) 2 horas diarias de luz fuerte. Tener esto en cuenta si se lo planta en una maceta y se lo tiene, por ejemplo, en la cocina.
- Agradece el abono mineral.

Recolección y conservación

- El perejil es una hierba que, de preferencia, debe utilizarse fresca, por lo que bastará con cortar algunas hojas y utilizarlas.
- Si se las desea conservar, se recomienda picar las hojas, secarlas en un lugar bien seco y ventilado, y guardar en un frasco de vidrio bien tapado.

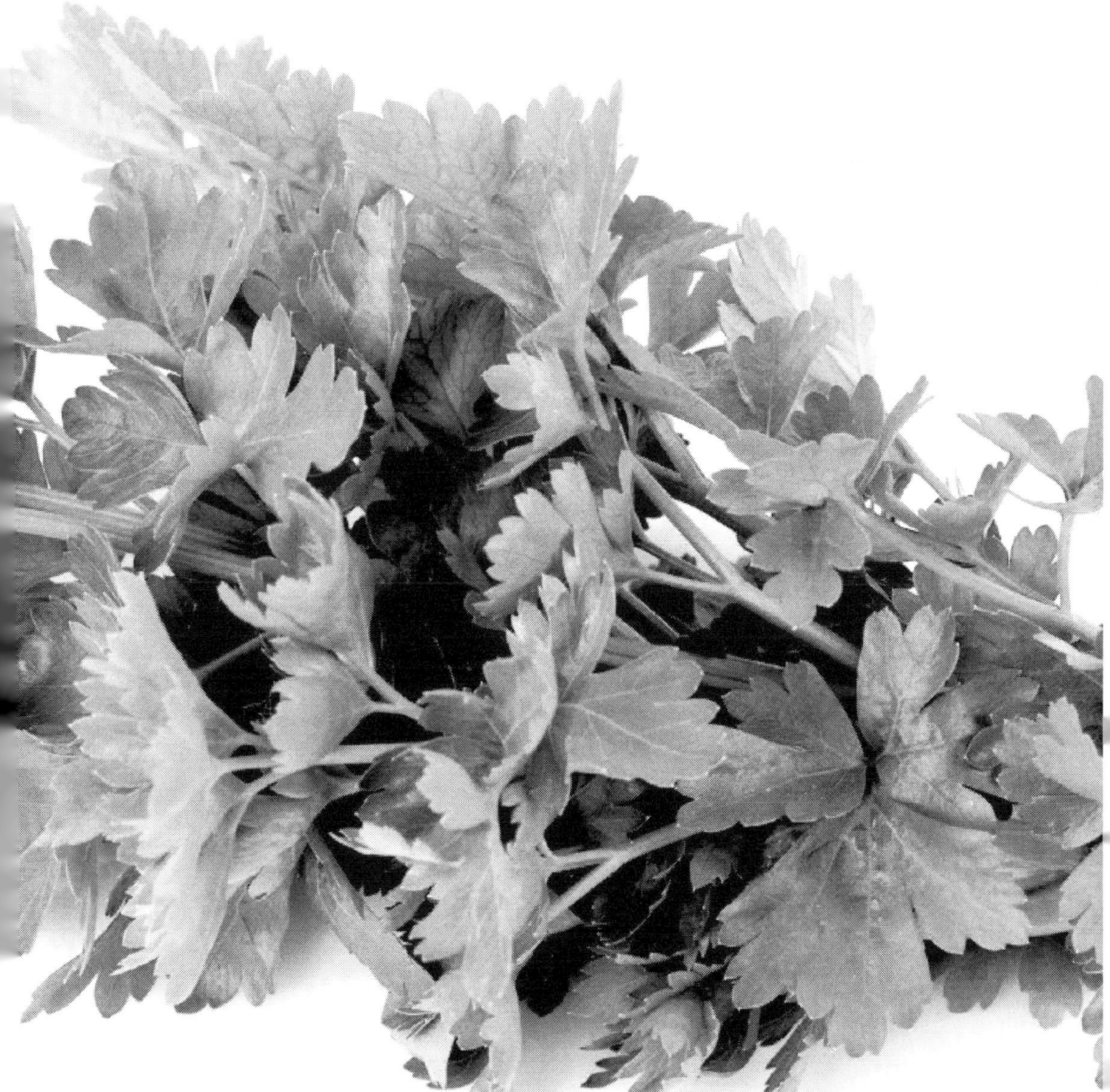

Romero

Nombre científico: *Rosmarinus officinalis*

El romero es un arbusto leñoso y perenne que puede y suele alcanzar los dos metros de altura. Se trata de una hierba de aroma y sabor sumamente potente, por lo que se la debe utilizar con moderación. De gusto balsámico y un tanto amargo, es ideal para sazonar cordero y muy buena para adobar una pieza de carne de ternera al horno. Una ramita dentro de un frasco con vinagre le otorgará a este un sabor inconfundible.

Cultivo

- El lugar ideal para emplazarlo es la tierra, aunque si no existen posibilidades, una maceta grande también puede servir.
- Si bien se lo puede cultivar a partir de semillas, lo mejor y más simple es hacerlo a partir de esquejes. Para ello, se cortan en verano, se los coloca en tierra arenosa, se los mantiene húmedos hasta que echen raíces. Luego, se los plantan en hileras a 50 cm unas de otras y entre plantas.
- Por supuesto, comprar el arbusto en un vivero es la solución más simple y rápida.
- No se trata de una planta exigente y para un buen desarrollo suelen ser suficientes dos factores: suelo seco y sol.
- Nunca regarlo en exceso. Aguanta mucho mejor un suelo reseco que otro empapado.
- La tierra ideal para esta planta es la calcárea, suelta y rica en humus.
- Se lo debe proteger de las heladas y de las temperaturas bajas en general.
- Para que crezca más denso, despuntar los tallos principales de forma tal de estimular su crecimiento.

Recolección y conservación

- Para usarlo fresco bastará con retirar algunas agujas de la planta y utilizarlas.
- Se lo puede secar y guardar en un frasco de vidrio bien tapado.
- Importante: nunca se debe cortar más de ¼ parte de la mata, ya que esto debilitaría mucho al romero y lo más probable es que no sobreviviera al corte.

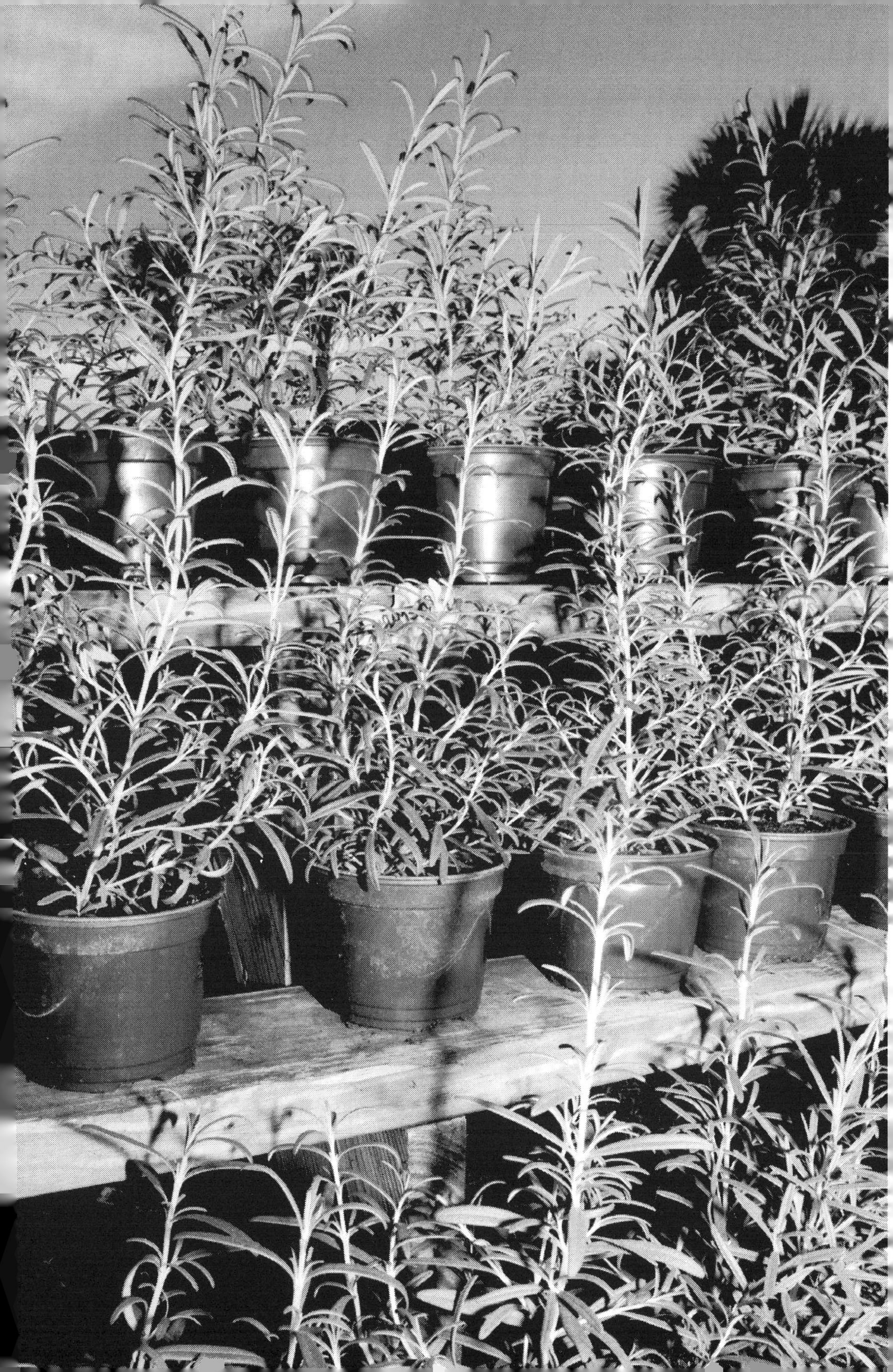

Salvia

Nombre científico: *Salvia officinalis*

Arbusto pequeño cuyas hojas se emplean principalmente para condimentar carnes de todo tipo (cerdo, ternera, aves, etc.) y para realizar una infusión que resulta muy digestiva, sobre todo en caso de gases. También es excelente para picarla, mezclarla con manteca y utilizar esta para untar en el pan o agregarla a otro tipo de preparaciones.

Cultivo

- Sembrar en semillero en primavera o hacia finales del invierno en hileras a 70 cm unas de otras y dejando 25 cm entre plantas.
- Cuando estas alcancen los 15 cm, trasladarlas a su emplazamiento definitivo, sea este tierra o maceta.
- Necesita muy buena luz y le va bien el sol pleno. Por el contrario, no resiste la sombra.
- Se siente a gusto en el clima cálido y se la debe resguardar de las heladas, las temperaturas bajas y el viento. Emplazarla en un lugar reparado (por ejemplo, contra una pared) suele ser una muy buena alternativa.
- No es muy exigente en cuanto a suelos y uno con un buen drenaje le sentará muy bien, aunque no sea muy rico.
- Es fundamental no ahogarla por exceso de agua. Dos riegos por semana suelen irle muy bien aunque, por supuesto, esta es una consideración general que deberá adecuarse al clima de cada lugar.

Recolección y conservación

- Se recomienda recolectar sus hojas hacia finales de la primavera–principios del verano.
- Se pueden hacer hasta dos cortes anuales, si el primero se hace lo suficientemente temprano como para que se formen y desarrollen nuevas hoja antes del invierno.
- No cortar la planta durante el primer año.
- Las hojas se pueden utilizar frescas.
- Una vez secas se recomienda guardarlas en un frasco de vidrio bien tapado o e una bolsa hermética.
- Se conservan muy bien congeladas si se colocan sus hojas entre papel encerad

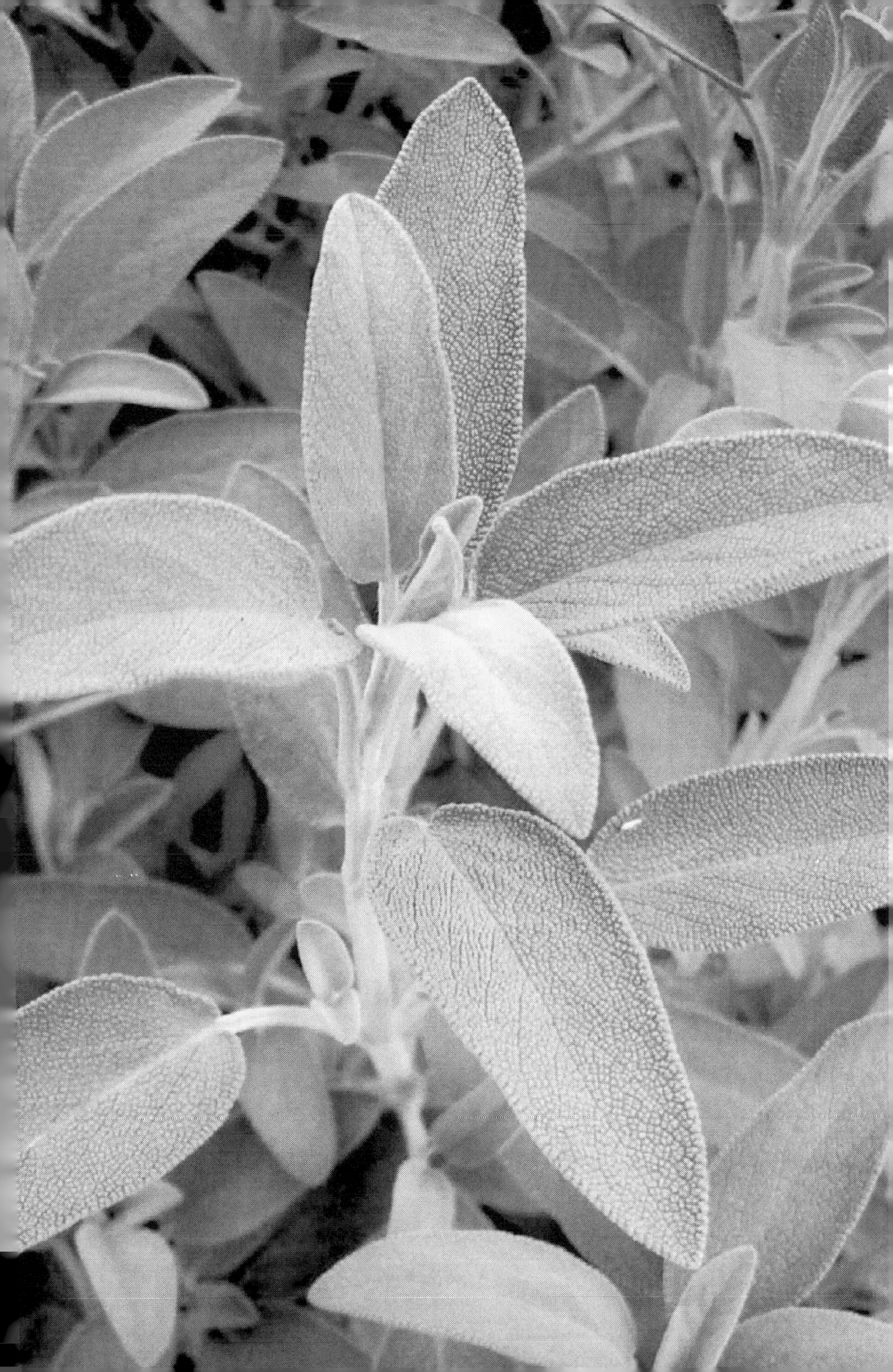

Índice

Introducción 3

Vegetales para tu cocina 5

    Agua, riego y humedad 5
    Sustrato y abono 6
    Recipientes 9
    Luz, ubicación y temperatura 9
    Cómo sembrar 11
    Importancia de la rotación de cultivos 12
    Control de plagas 12

Vegetales ideales para plantar en maceta 13

    Acelga 14
    Ají 16
    Cebolla 18
    Espinaca 20
    Lechuga 22
    Rabanito 24
    Rúcula 26
    Tomate 28

Hierbas aromáticas: la experiencia del sabor 31

    Dónde cultivar hierbas aromáticas 32
    ¿Suelo o macetas y jardineras? 33
    Pautas básicas para cultivar hierbas aromáticas 35
    Luchando contra las plagas 37
    Alternativas para su conservación 37

Las hierbas aromáticas más usadas 39

    Albahaca 40
    Cilantro 42
    Estragón 44
    Laurel 46
    Menta 48
    Orégano 50
    Tomillo 52
    Ciboulette 54
    Hinojo 56
    Perejil 58
    Romero 60
    Salvia 62

Printed in Great Britain
by Amazon